Wandel durch Demokratie

VS College richtet sich an hervorragende NachwuchswissenschaftlerInnen. Referierte Ergebnisse aus Forschungsprojekten oder Abschlussarbeiten werden in konzentrierter Form der Fachwelt präsentiert. Zur Qualitätssicherung werden externe Begutachtungsverfahren eingesetzt. Eine kompakte Darstellung auf 60 bis maximal 120 Seiten ist dabei das Hauptkennzeichen der neuen Reihe.

Matthias Lemke

Wandel durch Demokratie

Liberaler Sozialismus
und die Ermöglichung des Politischen

COLLEGE

Matthias Lemke

Springer VS
ISBN 978-3-531-18524-8   ISBN 978-3-531-94347-3 (eBook)
DOI 10.1007/978-3-531-94347-3

Die Deutsche Nationalbibliothek verzeichnet diese Publikation in der Deutschen Nationalbibliografie; detaillierte bibliografische Daten sind im Internet über http://dnb.d-nb.de abrufbar.

© Springer Fachmedien Wiesbaden 2012
Das Werk einschließlich aller seiner Teile ist urheberrechtlich geschützt. Jede Verwertung, die nicht ausdrücklich vom Urheberrechtsgesetz zugelassen ist, bedarf der vorherigen Zustimmung des Verlags. Das gilt insbesondere für Vervielfältigungen, Bearbeitungen, Übersetzungen, Mikroverfilmungen und die Einspeicherung und Verarbeitung in elektronischen Systemen.

Die Wiedergabe von Gebrauchsnamen, Handelsnamen, Warenbezeichnungen usw. in diesem Werk berechtigt auch ohne besondere Kennzeichnung nicht zu der Annahme, dass solche Namen im Sinne der Warenzeichen- und Markenschutz-Gesetzgebung als frei zu betrachten wären und daher von jedermann benutzt werden dürften.

Einbandentwurf: KünkelLopka Medienentwicklung, Heidelberg

Gedruckt auf säurefreiem und chlorfrei gebleichtem Papier

Springer VS ist eine Marke von Springer DE.
Springer DE ist Teil der Fachverlagsgruppe Springer Science+Business Media
www.springer-vs.de

Inhalt

1 **Ist der Sozialismus liberal?** 7
   1.1   Gesellschaftlicher Wandel zwischen Demokratie
und Totalitarismus 10
   1.2   Diskursanalyse 13
   1.3   Zwei Dimensionen des Diskurses 16

2 **Gesellschaftlicher Wandel** 19
   2.1   Demokratie oder Diktatur 21
   2.2   Teilhabe oder Gewalt 28
   2.3   Reform oder Revolution 34
   2.4   Konzeptualisierungen gesellschaftlichen Wandels 42

3 **Der Mensch im Wandel** 47
   3.1   Individualität 48
   3.2   Individualität und der Andere 59
   3.3   Individualität in Pluralität 65
   3.4   Die Rolle des Menschen im Prozess des Wandels 70

4 **Gegen die revolutionäre Ungeduld** 75
   4.1   Liberaler Sozialismus und Anti-Totalitarismus 76
   4.2   Konsequenzen für eine politische Theorie
gesellschaftlichen Wandels 81

5 **Literatur** 91

6 **Register** 97

1 Ist der Sozialismus liberal?

„Ist der Sozialismus liberal?" – diese auf den ersten Blick einfache und gleichsam verquer anmutende Frage steckt im Titel eines von Monique Canto-Sperber und Nadia Urbinati herausgegebenen Bandes zur sozialistischen Theorie und Ideengeschichte.[1] Im Kern geht es dabei nicht um eine – wie parteipolitische Puristen meinen könnten – Aufweichung sozialistischen Denkens hin zu liberalen, oder gar libertäreren Politikentwürfen im Sinne eines wie auch immer gearteten *Dritten Weges*. Das Anliegen, das Canto-Sperber und Urbinati verfolgen ist vielmehr politisch-philosophischer Natur, insofern sie bemüht sind, die emanzipatorischen, freiheitlichen und demokratischen Kompetenzen sozialistischen *und* liberalen Denkens aufzuzeigen, wie das in zeitgenössischer Perspektive etwa Carlo Rosselli, Gründer der antifaschistischen Gruppe *Giustizia e Libertà* in seinem 1930 erschienenen Buch *Le Socialisme libéral* formuliert hatte[2]: „Sozialismus, das ist wenn die Freiheit im Leben der Ärmsten Einzug hält."[3] Und so heißt es, gute siebzig Jahre später, bei Canto-Sperber und Urbinati:

> „Das Anliegen des liberalen Sozialismus besteht darin, die sozialistischen Ideen mit denen des Liberalismus zu verbinden. Seine Methode liegt in der Ablehnung des Antagonismus von sozialistischer und liberaler Tradition, die sich oft in gegenseitigem Widerspruch ausgedrückt haben, im 19. Jahrhundert wie heute."[4]

An anderer Stelle präzisiert Canto-Sperber dieses synergetische Verhältnis von Sozialismus und Liberalismus hinsichtlich ihrer inhaltlichen Übereinstimmungen in zentralen politischen Parametern:

---

[1] Vgl. Canto-Sperber / Urbinati 2003; vgl. zu dieser ideologisch-genealogischen Problemstellung ferner auch Schumpeter 1950, S. 373ff., sowie, mit leicht anderer Akzentuierung, Aron 1972, S. 81ff.
[2] Vgl. Rosselli 1930, S. 111–113: « Je veux seulement ramener le mouvement socialiste à ses premiers principes, à ses origines historiques et psychologiques et démontrer que le socialisme, en dernière analyse, est une philosophie de la liberté. »
[3] Rosselli 1930, S. 111.
[4] Canto-Sperber / Urbinati 2003, S. 7, Übersetzung – soweit auch im Folgenden nicht anders angemerkt – durch den Autor.

„Im sozialistischen Programm der Emanzipation können liberale Ideen eine neue Kraft entfalten. Parallel dazu, indem er sich auf liberale Ideen bezieht, vermag der Sozialismus zu seinem ursprünglichen Impuls als einer Philosophie der Freiheit zurückzukehren. Die liberalen Ideen – der Pragmatismus, die Ablehnung der Utopie, der Schutz des Individuums, die Sorge um die Autonomie der Gesellschaft – geben den sozialistischen Engagements eine realistischere Note. Sie verleihen den sozialistischen Bemühungen Mittel zur Mäßigung und zur Selbstkritik."[5]

Sozialismus und Liberalismus erweisen sich bei genauerer Betrachtung als komplementäre Denkströmungen. Sie stimmen überein in ihrem Anspruch, komplexe gesellschaftliche Gefüge politisch so organisieren zu können, dass sich das individuelle Leben in Freiheit und Selbstbestimmtheit zu entfalten vermag. Dabei dient die wechselseitige Bezugnahme aufeinander nicht nur als Horizont für den Entwurf einer vom Individuum her gedachten gesellschaftlichen Ordnung, sondern auch als permanentes, selbstevaluatives Korrektiv der eigenen Zielvorstellungen, als Hilfestellung, um den eigenen *blinden Fleck*, „die Mauern des eigenen Gefängnisses erkennen zu können"[6].

Der ausführliche Verweis auf die Interdependenz von sozialistischem und liberalem Denken schien deswegen geboten, weil das Zusammengehen dieser beiden Denkrichtungen keineswegs selbstverständlich war oder ist. Zwar lassen sich in der Geschichte des Sozialismus mit der Sozialdemokratie, wie sie in Deutschland und Frankreich zwar unterschiedlich[7], jedoch politisch stark ausgeprägt war und ist[8], zwei erfolgreiche Varianten eines politischen Modells in der Schnittmenge von Sozialismus und Liberalismus identifizieren. Darüber sollte aber nicht in Vergessenheit geraten, dass Sozialismus und Liberalismus über lange Zeit ein prekäres, deutungsschwaches Paar abgaben. Wie sich anhand der Debatte zwischen Revisionisten und Kommunisten über die nachhaltige Gestaltung gesellschaftlicher Veränderung, die zwischen 1897 und 1920 mit Vehemenz

---

5 Canto-Sperber 2003, S. 13.
6 Burnier 2003, S. 9.
7 Während die deutsche Sozialdemokratie außerordentlich stark durch den Marxismus beeinflusst worden war, was etwa in der Person Karl Kautskys zum Ausdruck kommt, sind in Frankreich solche marxistischen Einflüsse – etwa in Person von Paul Lafargue – eher peripherer Natur, sowohl was ihr politisches wie auch theoretisches Gewicht anbelangt.
8 Auch wenn sich die französische Sozialdemokratie bis heute als *Parti Socialiste – Sozialistische Partei* bezeichnet, so stellt sie doch das parteipolitische Äquivalent zur deutschen SPD innerhalb des – im Vergleich zu Deutschland – sehr fluiden französischen Parteienspektrums dar. Mit der SPD zusammen ist die PS Mitglied der 1951 neu konstituierten *Zweiten Internationale*. In historischer Perspektive ist sie durch sehr ähnliche inhaltliche Positionen im Abwehrkampf gegen den *Bolschewismus* mit der deutschen Sozialdemokratie verbunden. Zur Parteigeschichte vgl. Sadoun 1993, Kergoat 1997 und Becker / Candar 2004.

1.1 Gesellschaftlicher Wandel zwischen Demokratie und Totalitarismus

geführt wurde[9], nachweisen lässt, ist der demokratisch-republikanische beziehungsweise liberale Zweig der sozialistischen Ideenfamilie, also der europäischen Sozialdemokratie, zwar über die Schwelle zum 21. Jahrhundert hinaus nachhaltig erfolgreich gewesen. Er war – trotz seines späteren Erfolges – jedoch alles andere als unumstritten und stand häufiger am Rande des politischen Scheiterns.[10]

Die Sozialdemokratie macht bekanntlich nur ein Teil des historischen Erbes des Sozialismus aus und lange Zeit war der Kommunismus beziehungsweise der sogenannte *real existierende Sozialismus* eine scheinbar praktikable Alternative. Der andere Teil des sozialistischen Erbes, seine Kehrseite sozusagen, verweist auf den Abgrund des Linkstotalitarismus, der – im Fall der französischen Sozialdemokratie am Beginn der 20er Jahre des 20. Jahrhunderts lässt sich dies zeigen – über längere Zeiträume auch jenseits der sowjetischen Grenzen mehrheitsfähig war. Betrachtet man die sozialistische Ideenfamilie also in ihrer Breite, dann fällt – wenn auch unter holzschnittartiger Vereinfachung, die sich jedoch mit Blick auf den damit einhergehenden Erkenntnisgewinn rechtfertigen lässt – auf, dass sich unter dem Dach des *sozialistischen Hauses* (Léon Blum) sowohl freiheitliche und demokratische wie eben auch totalitäre Strömungen identifizieren lassen. Diese Parallelität von – mit Hannah Arendt gesprochen, die sich ihrerseits wiederum auf den Begriff der *Tyrannis* bei Montesquieu bezieht – politischen und antipolitischen[11] Strömungen innerhalb einer Ideologie ist eine historische wie auch politiktheoretische Besonderheit des Sozialismus.

> „Totalitäre Herrschaft", so schreibt Hannah Arendt in *Elemente und Ursprünge totaler Herrschaft*, „gleich der Tyrannis trägt den Keim ihres Verderbens in sich. So wie Furcht und Ohnmacht, aus der sie entspringt, ein anti-politisches Prinzip und eine dem politischen Handeln konträre Position darstellen, so sind Verlassenheit und das ihr entspringende logisch-ideologische Deduzieren zum Ärgsten hin eine antisoziale Situation und ein alles menschliches Zusammensein ruinierendes Prinzip."[12]

Angst jedoch ist, darauf hatte bereits Eduard Bernstein in den *Voraussetzungen des Sozialismus* hingewiesen, ein schlechter Berater für eine konstruktive Politik:

---

9   Im Jahr 1897 begann Eduard Bernstein seine Artikelserie *Probleme des Sozialismus* in der von Karl Kautsky herausgegebenen *Neuen Zeit* zu veröffentlichen. Die Serie bereitete inhaltlich die Publikation von Bernsteins revisionistischem Hauptwerk *Die Voraussetzungen des Sozialismus und die Aufgaben der Sozialdemokratie* vor. 1920 kommt die Debatte an einen ersten Endpunkt, als mit dem Parteitag von Tours am 29.12.1920 eine Mehrheit der Mitglieder gegen den Verbleib in der *Zweiten Internationale* und für den Beitritt zur *Komintern* stimmte. Vgl. hierzu grundsätzlich Schumacher 1998, sowie Bernstein 1899a und Blum 2003.
10 Vgl. ausführlich Lemke 2008.
11 Vgl. Arendt 1955, S. 694ff.
12 Arendt 1955, S. 698f.

„Die Furcht", so hatte er auf sehr deutliche Art und Weise geschrieben, „ist gewiß ein großer Faktor in der Politik, aber man täuscht sich, wenn man glaubt, daß Erregung von Furcht alles vermag."[13]

Heuristisch betrachtet jedenfalls ist diese enge Verwandtschaft von freiheitlichem und totalitärem Denken im Sozialismus ein ungeheurer Glücksfall, denn sie ermöglicht eine feingliedrige Analyse totalitärer Versuchbarkeit und jener Argumente, die Politik vor dem *Verderben* (Hannah Arendt) zu bewahren vermögen. Ausgehend von einem gemeinsamen gegenwartsdiagnostischen wie philosophischen Erbe, dem Marxismus, entwickeln sich in unterschiedlicher Anknüpfung, jedoch immer in direkter Berufung auf eben jenes Erbe, eine demokratische und eine totalitäre Strömung sozialistischen Denkens unter einem – zumindest am Anfang der Debatte – gemeinsamen ideologischen Dach.[14] Im Rahmen dieser Debatte werden zentrale, für den politischen Gestaltungsanspruch der jeweiligen Richtung relevante Begriffe so unterschiedlich interpretiert und konzeptionalisiert, dass daraus auch fundamental unterschiedliche Politiken resultieren.[15] Durch die Identifikation dieser unterschiedlichen Anknüpfungen kann somit punktgenau nachgewiesen werden, an welcher Stelle ein politischer Entwurf eher zur Demokratie – und damit, ex post betrachtet, zu nachhaltigem politischem Erfolg tendiert – oder eben zum Totalitarismus, zum hermetisch geschlossenen und als notwendig projizierten Politikentwurf, entartet.

1.1 Gesellschaftlicher Wandel zwischen Demokratie und Totalitarismus

Das, was in der Debatte über Reform und Revolution auf so zentrale Art und Weise fragwürdig geworden war und was dann in der Folge letztlich die Spaltung der *Zweiten Internationale* besiegelte, wird von der Frage nach der politischen Gestaltbarkeit von gesellschaftlichem Wandel, die von sozialdemokratischer wie von kommunistischer Seite fundamental anders beurteilt und beantwortet wurde, bestimmt.

Der Diskurs über die praktische Ausgestaltung gesellschaftlichen Wandels kulminiert in einem relativ engen zeitlichen Korridor, nämlich zwischen 1897

---

13 Bernstein 1899a, S. 233.
14 Zum totalitären Charakter des Kommunismus vgl. Arendt 1955, S. 574ff.
15 Für die Tragweite dieser Debatte und mit Blick auf ihre revisionistische Seite vgl. Gay 1962, S. 302: "From the outset Revisionism faced a dilemma that confronts all democratic movements which intent on radical social change: what methods shall be used to gain the desired end? The use of violence may overthrow the ruling class that bars the way – but is it not likely that the exigencies of the revolution will transform the movement into a repressive tyranny?"

1.1 Gesellschaftlicher Wandel zwischen Demokratie und Totalitarismus   11

und 1920. Die Fronten[16] der Debatte waren in ihrer Aufteilung von Revisionisten einerseits und Kommunisten andererseits immer sehr klar – wenngleich auch nicht alle Beteiligten immer auf ein und derselben Seite gestanden haben – und schon gar nicht aus den gleichen Motiven heraus.

Für die Zuordnung zur einen oder anderen Seite erwies sich für den Fortgang des Konflikts die Selbstbeschreibung als Marxist von herausragender Bedeutung. Während in Frankreich das marxistische Denken als eine von vielen Versionen sozialistischer Theoriebildung[17] wegen der noch weit über 1905, dem Gründungsjahr der *Section Française de l'Internationale Ouvrière* (SFIO), anhaltenden Marginalisierung der sozialistischen Parteien keine hohe Kohäsionskraft entfalten konnte, war die deutsche Sozialdemokratie, die nach dem Ende der Sozialistengesetze 1890 und mit Verabschiedung des Erfurter Programms 1891 mehr und mehr Wahlerfolge zu erzielen vermochte, durch und durch marxistisch ausgerichtet.

> „In der revisionistischen Welle (...) nimmt Frankreich einen völlig einzigartigen Platz ein. (...) Im Gegensatz zu Deutschland hat es nicht viel zu revidieren: (...) Diejenigen, die sich für marxistische Theorie interessieren, sind nicht Legion."[18]

Jedoch kam zur reinen Theorie – was die Situation in Deutschland anbetrifft – mehr und mehr auch die politische Praxis, die als Inspiration für theoretische Reflexionen diente. Und da sich Theorie und Praxis in der Beobachtung Eduard Bernsteins immer häufiger widersprachen – die SPD konnte mehr und mehr durch parlamentarische Interventionen Politik zugunsten ihrer Klientel gestalten und die in den *Weltkladderadatsch* (August Bebel) mündende Konzentration des Kapitals blieb ebenso aus – wird sein Anspruch, der gerade zu Beginn seiner revisionistischen Überlegungen darin bestand, Realität und Marxismus wieder miteinander zu versöhnen, plausibel.[19] In der *Neuen Zeit* schreibt Bernstein:

---

16 Hier wäre zu überlegen, inwieweit es sich nicht um die Analyse zweier Diskurse handeln müsste, nämlich einmal um die Analyse der Transformation durch Reform, andererseits um den der Überwindung der bestehenden Verhältnisse durch Gewalt. Da jedoch beide potenziellen Diskurse deutend auf den Begriff der *Diktatur des Proletariats* Bezug nehmen und sich in ihrer jeweiligen Deutung dieses Konzepts kritisieren, scheint es wegen dieser gemeinsamen, wenn auch kontroversen, Bezugnahme auf ein zentrales Konzept treffender, von zwei Strängen eines Diskurses über die Ausdeutung gesellschaftlichen Wandels zu sprechen.
17 Vgl. Lemke 2008, S. 74f.
18 Rebérioux 1997, S. 176.
19 Vor Bernstein hatte etwa schon Georg von Vollmar auf die Abweichung der politischen Praxis von der *reinen Lehre* hingewiesen, jedoch kaum Gehör gefunden: „Ernsthafte Menschen sind sich darüber im Klaren, dass eine Ordnung der Dinge, vieltausendfach auf die Vergangenheit bezogen, nicht so einfach, mit einem Schlag, einer neuen Ordnung weichen kann, sondern dass sich jede Ordnung Stück für Stück vollzieht (...). Wären wir eine religiöse Sekte (...), dann

„Ich gestehe es offen, ich habe für das, was man gemeinhin unter ‚Endziel des Sozialismus' versteht, außerordentlich wenig Sinn und Interesse. Dieses Ziel, was immer es sei, ist mir gar nichts, die Bewegung ist alles. Und unter Bewegung verstehe ich sowohl die allgemeine Bewegung der Gesellschaft, d.h. den sozialen Fortschritt, wie die politische und wirthschaftliche Agitation und Organisation zur Erreichung dieses Fortschritts."[20]

Damit wird die aktive Gestaltung von Wandel zum Kernprogramm revisionistischer, und damit demokratisch-sozialistischer Politik:

„Wer nicht von einem jähen Sprunge in die vollendete kommunistische Gesellschaft träumt, wird daher, wie die Durchsetzung wirthschaftlicher Reformen, so auch die Weiterbildung der Moral- und Rechtsanschauungen nicht als eine Sache betrachten, die lediglich der Zukunft anheim fällt."[21]

Und weiter, mit Blick auf die akteursbezogenen Konsequenzen:

„Selbstverantwortlichkeit ist bekanntlich nur die eine Seite eines sozialen Prinzips, dessen andere Seite persönliche Freiheit heißt. (...) So widerspruchsvoll es klingen mag, die Idee der Aufhebung der Selbstverantwortlichkeit ist durchaus antisozialistisch. Ihre Alternative hieße entweder vollendete Tyrannei oder Auflösung jeder Gesellschaftsordnung."[22]

Dass die deutsche Sozialdemokratie mit ihrem manifesten marxistischen Erbe Bernstein da zunächst kaum folgen wollte, scheint ob seiner überaus starken Betonung liberaler Theorieelemente verständlich. Und so braucht es lange, bis weit in den Esten Weltkrieg hinein, bis sich Bernstein und Kautsky gemeinsam in der USPD wiederfinden und beginnen, gegen die kommunistische Versuchung der revolutionären Gewalt zu argumentieren. Die Reihen in Frankreich sind dahingehend geschlossener, als dass die Hauptvertreter der SFIO, Jean Jaurès und Léon Blum, in einem beständigen Ringen um die Integration ihrer eigenen Partei gebunden sind, so dass jede abweichende und politisch attraktiv erscheinende Meinung zu einer politisch existenziellen Bedrohung wird.

---

    bräuchten wir uns nicht um die unangenehme Wirklichkeit zu sorgen. Aber eine Partei, die in der Wirklichkeit arbeitet, kann sich nicht so verhalten." Von Vollmar zitiert nach Droz 1997, S. 31.

20 Bernstein 1898a, S. 556; vgl. hier auch Bernstein 1897c, S. 453: „Ich habe heute nicht die Zeit, auf die Einzelheiten einzugehen, aber Du (Kautsky, ML) wirst mich auch verstehen, wenn ich mein heutiges Verhältnis zu M(arx) und E(ngels) dahin kennzeichne, daß ich wohl bemüht bin, auf Grund der Methode, die sie ausgearbeitet haben, weiter zu arbeiten, daß ich aber ihre Resultate nur noch theilweise anerkenne."

21 Bernstein 1898b, S. 395.

22 Bernstein 1897a, S. 141.

Anhand des Spannungsfeldes zwischen den Eckpunkten Revisionismus und Kommunismus vorgestellt, sind es Eduard Bernstein auf der einen und Lenin auf der anderen Seite, die die Eckpunkte der Debatte, also den *Bereich des Sagbaren* festlegen. Während Bernstein – und mit ihm Kautsky, sowie Jaurès und Blum – den demokratischen Kernbestand sozialistischer Politik betonen, verharrt Lenin bei seiner Konzeption *progressiver Gewalt* (Sven Papcke), die eine abrupte Überwindung bestehender gesellschaftlicher Strukturelemente zugunsten alternativer Konfigurationen für möglich, gar für notwendig erachtet[23] und dabei zentral auf die „schöpferische Kraft der Gewalt"[24] vertraut.

Damit wird gleichsam auch die Trennlinie zwischen demokratischen und totalitären Konzeptionen von Wandel deutlich. Dort, wo Wandel vor dem Hintergrund eines holistischen Geschichtsverständnisses in teleologischer Perspektive als terminierbar gedacht wird, müssen alternative Vorstellungen von Zukunft notwendiger weise als *falsch* begriffen werden. Anders als in diesem totalitären Verständnis beschreibt Demokratie die offene, anschlussfähige Qualität von Wandel, der weder inhaltlich noch zeitlich oder gar mit Blick auf die Verfahren, die Wandel ermöglichen, determinierbar ist. In demokratischem Sinne erweist sich Wandel als Funktion, nicht aber als Programm.

1.2 Diskursanalyse

Für Michel Foucault ist das in einer spezifischen historischen Epoche aufscheinende Verständnis von Wirklichkeit in ihrer jeweiligen Sprache präsent. Wirklichkeit, also die Gesamtheit der Aussagen, die die Ordnung des Handelns, Redens und Denkens festlegt, ist demnach immer eine vom jeweiligen Beobachter aus konstruierte Erscheinung und dementsprechend nicht essentialistisch, sondern nur relational konzipierbar. Solche sprachlich vermittelten, *mächtigen* Formationen, die eine jeweils spezifische, in ihrer Zeit wirksame Ausdeutung von Wirklichkeit anbieten, bezeichnet Foucault als Diskurse.[25]

---

23 Der von Papcke in der Auseinandersetzung mit der Parteienkonstellation während der Französischen Revolution formulierte Begriff der *progressiven Gewalt* meint eine sozial kontextualisierte Form von Gewalt, nicht aber mehr Gewalt in ihrer Natürlichkeit. Damit gekoppelt ist dann allerdings das Problem der Bewertung von Gewalt, die ggf. über Perspektivgrenzen hinweg erfolgen müsste. Vgl. Papcke 1973, S. 15.

24 Bernstein 1899a, S. 249. Dort schreibt er: „Jedoch soll nicht die Frage untersucht werden, wie weit ursprünglich und im weiteren Verlauf der Geschichte die Gewalt die Ökonomie bestimmt hat und umgekehrt, sondern lediglich die Frage der schöpferischen Kraft der Gewalt in der gegebenen Gesellschaft. Während früher gelegentlich von Marxisten der Gewalt hierin eine rein negative Rolle zugewiesen wurde, macht sich heute eine Übertreibung in der entgegengesetzten Richtung bemerkbar, wird der Gewalt nahezu schöpferische Allmacht zugewiesen (...)."

25 Vgl. hierzu grundlegend Foucault 1991.

Diskurse als in sich relativ geschlossene Narrative[26], die über einen angebaren Zeitraum in einem intersubjektiv präsenten, gemeinsamen Vokabular und mit Bezug auf ein gemeinsames Thema gültige Aussagen generieren, sind damit rückgekoppelt an bestimmte, bereits präsente sowie an performativ noch zu erzeugende Formationen von Wirklichkeit, so dass die Beherrschung eines Diskurses immer auch auf die Beherrschung von Wirklichkeit abzielt. Diskursive und praktische Hegemonie gehen also Hand in Hand.[27] In *Die Ordnung des Diskurses*, eine Schrift, die auf die Antrittsvorlesung Foucaults am *Collège de France* am 2.12.1970 zurückgeht, schreibt er:

> „Ich setze voraus, daß in jeder Gesellschaft die Produktion des Diskurses zugleich kontrolliert, selektiert, organisiert und kanalisiert wird – und zwar durch gewisse Prozeduren, deren Aufgabe es ist, die Kräfte und die Gefahren des Diskurses zu bändigen, sein unberechenbar Ereignishaftes zu bannen, seine schwere und bedrohliche Materialität zu umgehen."[28]

Das, was Foucault hier als *gewisse Prozeduren* bezeichnet, die die Hervorbringung einer hegemonialen diskursiven Position erst ermöglichen, beschreiben Ernesto Laclau und Chantal Mouffe als *artikulatorische Praxis*, also als eine Tätigkeit, die Phänomene nicht bloß erklärt oder deutet, sondern konstituiert. Zur Konstituierung einer hegemonialen diskursiven Praxis gehört ganz wesentlich die Etablierung einer *kollektiven Identität*, die die relative Verortung der eigenen Perspektive ermöglicht:

> „Eine Konzeption, die jede essentialistische Betrachtungsweise sozialer Verhältnisse verwirft, muß auch den prekären Charakter jeder Identität und die Unmöglichkeit der Festlegung einer ein für allemal gültigen, buchstäblichen Bedeutung der ‚Elemente' erklären. (...) In einer artikulierten diskursiven Totalität ist jede Identität relational und alle Relationen haben einen notwendigen Charakter."[29]

---

26 Vgl. etwa Selbin 2010, S. 55f.: „Die Erzählung [stellt] intertemporäre Verbindungen her und besitzt deshalb ‚eine innere Kohärenz, die der Ereignissequenz eine gewisse Notwendigkeit verleiht'; sie versichert mit anderen Worten, , dass alles eben nur auf genau die Weise hätte geschehen können. (...) Die Erzählung kreiert Zusammenhänge und erstellt einen Plan für die Zukunft, ‚indem sie Endstadien beschreibt, Machthaber und Wandel hervorrufende Akteure bestimmt, Begründungen anbietet und einen Zeitrahmen für den Wandel liefert'. Erzählende Menschen erschaffen und prägen ihre eigene Welt und die Unsere. Durch die Erzählungen, die wir konstruieren und auf die wir bauen, entstehen Zusammenhänge, Kohärenz, Verdichtung und Konkretisierung."; vgl. ferner grundsätzlich Jäger / Jäger 2007.
27 „Staat = politische Gesellschaft + Zivilgesellschaft, das heißt, Hegemonie, gepanzert mit Zwang." Gramsci zitiert nach Demirovic 2007, S. 24.
28 Foucault 1991, S. 10f.
29 Laclau / Mouffe 2006, S. 131, 142.

1.2 Diskursanalyse

Mit anderen Worten: Die artikulatorische Praxis diskursiver Hegemonie gelingt dann, wenn eine Situation relationaler Äußerlichkeit hergestellt werden kann, wenn also ein Feindbild erkennbar wird. Im vorliegenden Diskurs über die Gestaltung gesellschaftlichen Wandels wird diese relationale Äußerlichkeit durch die jeweils unterschiedliche Ausdeutung der zentralen Transformationsmetapher, der *Diktatur des Proletariats*, festgelegt. Kautsky war es, der – zwar aus dem Diskurs heraus, dafür aber sehr prägnant – den unterschiedlichen interpretativen Zugriff auf diese Metapher und damit auch den *agonalen Charakter*[30] des Diskurses markiert hatte:

> „Bei Untersuchungen der Frage muß man sich hüten, die Diktatur als Zustand mit der Diktatur als Regierungsform zu verwechseln. Nur das Anstreben der letzteren ist eine strittige Frage in unseren Reihen. Die Diktatur als Regierungsform ist gleichbedeutend mit der Entrechtung der Opposition. (...) Dann wird die Diktatur des Proletariats (...) zu einer Diktatur von Proletariern über Proletarier (...)."[31]

Das „konstitutive Außen"[32] aus Sicht des Revisionismus ist demnach die revolutionäre Gewaltbereitschaft des Kommunismus[33], der die *Diktatur des Proletariats* als Regierungsform, also als praktische Option des Politischen begreift; aus Sicht des Kommunismus wiederum ist es genau die Ablehnung dieser Haltung und die politisch-kulturelle Verinnerlichung der *Diktatur des Proletariats* als demokratieaffiner Zustand, die die Ablehnung gegenüber der revisionistischen Position begründet.

Dass jeweils die andere Seite, die gezielt, ja existenziell ausgeschlossen wird, ihrer Funktion nach die Kohärenz der eigenen Position überhaupt erst ermöglicht, verweist auf den paradoxen Charakter dieses innerideologischen Diskurses. Die Auseinandersetzung mit den diskursiven Bezugspunkten, wie dem der *Diktatur des Proletariats*, vermag diese Widersprüchlichkeit zwar nicht aufzulösen. Sie kann aber diejenigen Bruchstellen verdeutlichen, in denen das, was in der agonalen politischen Kontroverse selbst nicht mehr auflösbar ist, überhaupt erst hervorgebracht wird.

---

30 Vgl. Mouffe 2007
31 Kautsky o.J., S. 4f.; vgl. hierzu auch Bergounioux / Manin 1979, S. 85: « C'est le double-choix du socialisme et de la démocratie qui constitue le projet social-démocrate de Kautsky ; négativement son axe est de dissocier violence et révolution, positivement il est de concilier socialisme et démocratie. »
32 Mouffe 2007, S. 23.
33 Der Begriff ‚Gewaltbereitschaft' bezieht sich hier sowohl auf die instrumentelle, wie auch auf die ontologische Disposition des Kommunismus; vgl. hierzu auch Papcke 1973, S. 63.

1.3 Zwei Dimensionen des Diskurses

Die diskursive Auseinandersetzung innerhalb des Sozialismus über die Frage nach der adäquaten politischen Gestaltung sozialen Wandels kommt immer wieder auf eine zentrale Begrifflichkeit zurück – die *Diktatur des Proletariats*. In den verschiedenen Versuchen einer Definition dieses auch bei Marx und Engels verschwommenen Konzepts, wie sie zuerst von Eduard Bernstein in seiner *Theorie der Reform* (Sven Papcke[34]) und dann von Kautsky und Blum sowie Jaurès vorgeschlagen werden, tritt ein Aspekt als zentral hervor. Dieser zentrale Aspekt beschreibt die Notwendigkeit der permanent sich erneuernden Gestaltungsfähigkeit von Politik. Bernstein beschreibt 1909, also zu einer Zeit seiner immer noch andauernden Marginalisierung in der SPD, wie sie mit dem Parteitag von Dresden 1903 begonnen hatte, diesen Aspekt mit Blick auf das Selbstverständnis des Revisionismus wie folgt:

> „Revisionismus, ein Wort, daß im Grunde nur für theoretische Fragen Sinn hat, heißt ins Politische übersetzt: Reformismus, Politik der systematischen Reformierbarkeit im Gegensatz zur Politik, der eine revolutionäre Katastrophe als gewolltes oder für unvermeidlich erkanntes Stadium der Bewegung vor Augen schwebt."[35]

Im Unterschied zur revolutionären Teleologie des Kommunismus mitsamt ihrem Postulat der vollständigen Terminierbarkeit von Problemen akzentuiert der Revisionismus die politische Reform als permanent wirksames, graduelles Korrektiv für einen ansonsten immer als gegeben betrachteten, problemanfälligen gesellschaftlichen Kontext. Wäre eine vollständige Problemlösung möglich, so wären aus revisionistischer Sicht also weder Politik noch Gesellschaft denkbar. Es ist unter anderem diese strukturelle Problemoffenheit mitsamt der Erfahrung konstruktiver Problembearbeitung, die eine nachhaltige demokratische Orientierung in Teilen der sozialistischen Theoriebildung erst ermöglicht hat.

Aus dieser revisionistischen Perspektive, die den beständigen Wandel zum Grund *und* Ort des Politischen erhebt und die sich dadurch von der *revolutionären Ungeduld* (Marc Sadoun) des Kommunismus abgrenzt, ergibt sich die zentrale Hypothese dieser Untersuchung. Die Gründe für die *Unversuchbarkeit*[36] des demokratischen, des liberalen Sozialismus gegenüber der kommunistischen Utopie einer möglichen „Endlösung der Sozialen Frage"[37] liegen in seiner Konzepti-

---

34 Vgl. Papcke 1979, hier insbesondere S. 26ff.
35 Bernstein 1909, S. 130.
36 Vgl. hierzu Dahrendorf 2006, S. 15–56.
37 So Wolf Biermann auf dem Konzert (*Denk ich an Deutschland ... ein Heinrich-Heine-Abend*) anlässlich seines 70. Geburtstages im Paul-Loebe-Haus des Deutschen Bundestages; vgl. auch Lemke 2008, S. 362.

1.3 Zwei Dimensionen des Diskurses

on des Politischen als permanentem Wandlungsprozess, der eben nicht terminierbar ist. Die Akzeptanz oder Ablehnung einer permanent offenen, prozeduralen Politikkonzeption deutet eine etwaige Prädisposition für totalitäre Entartungen an.[38] Das Antipolitische – wie auch das Politische selbst – kann also anhand der jeweils vorherrschenden Konzeption von Wandel und seiner Gestaltbarkeit identifiziert werden.

Hieraus resultieren die zwei zentralen Fragen, die es in den nachfolgenden beiden Kapiteln zu beantworten gilt: Was bedeutet überhaupt Wandel? Für die Beantwortung dieser grundlegenden Frage ist eine konkrete Vorstellung von Wandel im Ringen des Revisionismus mit dem Kommunismus um hegemoniale Deutungsmacht angesprochen. Denn innerhalb des zu Beginn des 20. Jahrhunderts weitgehend marxistisch inspirierten Sozialismus war Wandel, der in Form der Auseinandersetzung über die Metapher der *Diktatur des Proletariats* im Diskurs permanent präsent war, in heuristischer wie auch methodologischer Hinsicht ein überaus strittiges Konzept. Und so ließe sich – etwas ausführlicher fragen – was Wandel, der in Form der *Diktatur des Proletariats* sowohl als politisches Nahziel wie auch hinsichtlich der für die Erreichung dieses Ziels erforderlichen Mittel diskutiert wurde, ausmacht. An diese – sowohl in theoretischer, wie auch in politisch-praktischer Hinsicht – relevante Frage schließt sich die nach dem als möglich erachteten Verhalten angesichts von Wandel an. Wie geht der Mensch – sowohl reaktiv wie auch proaktiv – mit Wandel um? Der Diskurs über die politische Gestaltbarkeit von Wandel, wie er in der zunächst noch innersozialistischen Auseinandersetzung über Reform und Revolution geführt wird, erfährt damit eine Binnendifferenzierung. Diese ist, insofern sie nachträglich dem Diskurs übergestülpt wird, natürlich künstlicher Natur und kommt – was schon an der permanenten inhaltlichen Verzahnung der beiden Diskursstränge deutlich wird – im historischen Diskursgeschehen in Reinform nicht vor.

Anhand dieser Binnendifferenzierung können jedoch diskursanalytisch ex post eine *Makroebene* (gesellschaftlicher Wandel) und eine *Mikroebene* (der Mensch im Wandel) voneinander unterschieden werden, die in der historischen Praxis immer als komplementäre Diskurselemente miteinander verschränkt präsent waren. Hinsichtlich der Rekonstruktion dieser beiden Diskursstränge geht es im Kern immer um das *Wie* des Plausibilisierens – nicht aber um das inhaltlich bessere, gar das richtigere Argument.

---

38 Vgl. Arendt 1955, S. 678: „Totalitäre Politik, die daranging, die Rezepte von Ideologien zu befolgen, hat das wahre Wesen dieser Bewegungen insofern entlarvt, als sie deutlich machte, daß es ein Ende des Prozesses nicht geben könne."

2 Gesellschaftlicher Wandel

Gegenstand dieses Kapitels ist die Rekonstruktion derjenigen Diskursinhalte, die im Spannungsfeld von Reform und Revolution Bezug auf die Metaebene gesellschaftlichen Wandels nehmen. Sowohl von revisionistischer wie auch von kommunistischer Seite wird dabei der Versuch unternommen, die politische Deutungshoheit über den Begriff der *Diktatur des Proletariats* zu erreichen. Die Etablierung einer diskursiven Hegemonie stellt dabei aber keine Vorbedingung für die politische Praxis dar. Auch wenn der Begriff umstritten bleibt – für den gesamten Sozialismus bleibt er das, für die jeweiligen Lager natürlich nicht – ist eine jeweils spezifische, an den je eigenen, situativen Interessen orientierte Praxis möglich.

Gesellschaftlicher Wandel bleibt in seinen Erscheinungsformen und Legitimationserzählungen kontingent, was im vorliegenden Fall etwa anhand der ungeheuer weiten Anknüpfungsfähigkeit der *Diktatur des Proletariats* als universeller Transformationsmetapher – wenn auch wohl unbewusst – plausibel wird. Sie ermöglicht zeitgleich divergente Praktiken als legitime erscheinen zu lassen, wenn auch nur aus Sicht des jeweils eigenen Publikums. Durch eine hinreichend unkonturierte Verwendung hatten Marx und Engels die Deutungsoffenheit des Begriffes befördert. Eine in diesem Zusammenhang typische Passage, aus einem Brief von Marx an Joseph Weydemeyer vom 5.3.1852, liest sich wie folgt:

> „Was mich betrifft, so gebührt mir nicht das Verdienst, weder die Existenz der Klassen in der modernen Gesellschaft noch ihren Kampf unter sich entdeckt zu haben. (...) Was ich neu tat, war 1. nachzuweisen, daß die *Existenz der Klassen* bloß an *bestimmte historische Entwicklungsphasen der Produktion* gebunden ist; 2. daß der Klassenkampf notwendig zur *Diktatur des Proletariats* führt; 3. daß diese Diktatur selbst nur den Übergang zur *Aufhebung aller Klassen* und zu einer *klassenlosen Gesellschaft* bildet."[39]

Im linear-teleologischen Fortschrittsdenken des Marxismus erscheint die *Diktatur des Proletariats* demnach als notwendige, noch dazu beschleunigte transitorische Phase in der Realisierung von gesellschaftlichem Wandel; sie leitet diesen

---

39   Marx 1852, S. 507f.

ein und ermöglicht ihn dadurch. Damit kommt ihr eine zentrale Funktion innerhalb des im Zusammenhang mit der Überwindung kapitalistischer Produktionsverhältnisse angestrebten gesellschaftlichen Wandels zu – bloß die *Frage des Wie* wird nicht geklärt. Dementsprechend entsteht ein massiver Bedarf an Deutung hinsichtlich des konkreten Vollzugs von Wandel, der innerhalb der sozialistischen Bewegung letztlich zu ihrem Bruch geführt hat. Die Eckpunkte dieser Deutungsbemühungen auf der Metaebene politischer Transformation werden im Folgenden vorgestellt.

Das Spektrum der Interpretationen ist dabei – wie sich zeigen wird – äußerst weit gefasst, insbesondere was den konkreten Vollzug der politischen Transformation anbelangt. Es erstreckt sich von der Vorstellung eines revolutionären Ausnahmezustandes von zeitlich überschaubarer Dauer (letzteres war zumindest vor Beginn der Umsetzung die gängige Vorstellung), worin die Vernichtung der Feinde des Sozialismus ebenso inbegriffen war, wie die Grundsteinlegung für die künftige kommunistische Gesellschaft. Für diese spezifische Konkretisierung der konzeptionellen Leerstelle des Marxismus zeichnete Lenin verantwortlich, der mehr als einmal die transformationsermöglichende Kraft der Gewalt betont und sie damit zum zentralen politischen Strategieelement des Kommunismus gemacht hatte:

> „Die revolutionäre Diktatur des Proletariats", so Lenin in *Die Proletarische Revolution und der Renegat Kautsky* in Reaktion auf Kautsky und angesichts eigener politischer Erfolge, „ist eine macht, die erobert wurde und aufrecht erhalten wird durch die Gewalt des Proletariats gegenüber der Bourgeoisie, eine Macht, die an keine Gesetze gebunden ist."[40]

Entgegen dieser Konzeption politischer Transformation, die sich in einem agonalen Freund-Feind-Gegensatz involviert wähnt, in dem noch dazu alle Mittel, die zur finalen Vernichtung des Feindes beitragen, erlaubt sind, vertritt der zum Kommunismus oppositionelle Flügel innerhalb des Sozialismus eine Vorstellung von Wandel, die der Vorstellung der „schöpferischen Allmacht der Gewalt" die Idee eines permanenten Ausbildungs- und Erziehungsprozesses entgegen hält. Diese Konzeption von Wandel wiederum, die auf die Einbindung aller Mitglieder der Gesellschaft in die öffentlichen Belange abzielt, stellt dementsprechend Gewaltfreiheit in den Mittelpunkt ihrer Politikkonzeption. Während es auf kommunistischer Seite also um Dominanz, um Durchsetzungsfähigkeit im Sinne von – wie Hanna F. Pitkin das bezeichnet hat[41] – *power over* geht, formulieren die

---

40 Uljanow 1918, S. 80.
41 Vgl. Pitkin 1972, S. 277: "One may have power over another or others, and that sort of power is indeed relational (...) But he may have power to do or accomplish something all by himself,

Gegner des Kommunismus ein Wandlungskonzept, bei dem nicht die Ziele von Macht, sondern die selbstreferenzielle Reflexion über die Voraussetzungen der Gestaltung von Wandel in den Vordergrund rückt. Macht erscheint hier – ganz im Sinne Hannah Arendts – als *power to*, als Selbstbefähigung:

> „Wie Hannah Arendt gezeigt hat, ist Handlungsmacht einer Gruppe nur durch ihre Selbstmacht zu gewinnen, und hier besteht *power to* in der Selbstreferenz einer Gruppe vor jedem Einfluss nach außen."[42]

Diese Klassifikation der unterschiedlichen Konzeptionen von Wandel nach ihren jeweiligen Bezugnahmen auf Macht ist jedoch – wie noch zu zeigen sein wird – nur eine der möglichen analytischen Perspektiven, anhand derer sich die substanzielle Unterschiedlichkeit von Kommunismus und Sozialismus manifestiert.

2.1 Demokratie oder Diktatur

Aus kommunistischer wie aus revisionistischer Sicht war zumindest ein Tatbestand gegenwartsdiagnostisch unumstritten – nämlich der, wonach „das goldene Zeitalter der Menschheit nicht vor uns liegt, sondern in der Zukunft"[43]. Die Vertreter des demokratischen Sozialismus haben in der Folge versucht, die Lücke zwischen depravierter Gegenwart und einer als besser erwarteten Zukunft zu schließen, indem sie nicht das Ziel ausgemalt haben, wie das etwa Wilhelm Weitling schon zehn Jahre vor Erscheinen des *Kommunistischen Manifests* nachgerade mustergültig vorgeführt hatte[44], sondern indem sie sich an die Gestaltung der Lücke machten. In Bernsteins berühmtem Zitat über den *Weg zum Sozialismus* war derlei Verhaftetheit in der Gegenwart bereits angeklungen[45] und auch Jaurès' Vorstellung einer *révolution évolutionnaire* weist in die Richtung einer beständigen, performativen, nicht aber oktroyierten politischen Praxis.

Wenn es aus Sicht der *Demokraten-Sozialisten* (Proudhon) fortan um *das Füllen der Lücke* gehen würde, dann waren Fragen der funktionalen Organisation politischer Prozesse mit einem Schlag wesentlich wichtiger, als utopische

---

and that power is not relational at all; it may involve other people if what he has power to do is a social or political action, but it need not."; vgl. hierzu kommentierend Göhler 2004, S. 245–255.
42 Göhler 2004, S. 256.
43 Saint-Simon 1973, S. 328; vgl. auch Lemke 2003, S. 80f.
44 Vgl. Weitling 1838.
45 Vgl. hierzu auch Bernstein 1898c, 1. Beilage. Dort schreibt Bernstein mit Blick auf das berühmte Endziel-Zitat aus den *Problemen des Sozialismus*: „Ich hätte ihn auch so formulieren können: ‚Die Bewegung ist mir alles, denn sie trägt ihr Ziel in sich'."

Phantastereien über eine ferne Zukunft. Das Wie erhob sich über das Was. Die Frage nach *Demokratie oder Diktatur?* avancierte in diesem Zusammenhang zu einer Schlüsselfrage, die – und das war innerhalb des demokratischen Sozialismus über Ländergrenzen hinweg Konsens – nur mit „entweder, oder", jedoch nicht mit „sowohl, als auch" würde beantwortet werden können. Kein Zwischending, kein Kompromiss – auch nicht das, was Georg Lukács als *demokratische Diktatur* bezeichnet hat[46] – schien für die politische Praxis akzeptabel, erst recht nicht, nachdem in Folge der Oktoberrevolution und mit der Gründung der *Kommunistischen Internationale* der ideologische Bruch innerhalb des Sozialismus sich zu verfestigen begann. Vor diesem Hintergrund hat Iring Fetscher seine Einschätzung formuliert, wonach Sozialismus und Demokratie in konzeptioneller, also praktisch-gestalterischer Hinsicht, nicht getrennt voneinander zu denken wären: „Ich glaube jedenfalls nicht", so Fetscher mit Blick auf die Bedingungen der Möglichkeit einer freien politischen und wirtschaftlichen Ordnung, „dass der Sozialismus ohne eine hinreichend funktionsfähige Demokratie möglich und aus menschlicher Sicht erträglich sein könnte."[47]

Ganz in diesem Sinne haben Karl Kautsky und Léon Blum schon kurz nach dem Beginn der Oktoberrevolution und also im Angesicht der praktischen Konsequenzen bolschewistischer Politik begonnen, eine Linie zwischen demokratischem Sozialismus auf der einen und dem Kommunismus auf der anderen Seite zu ziehen. Und diese Linie, die zwischen *Demokratie und Diktatur* im Sinne politischer Vollzugsformen verlief, galt es fortan tunlichst nicht zu überschreiten. Es könne schließlich nicht sein, so Kautskys berühmt gewordene Mahnung, das, was Marx und Engels immerhin leicht missverständlich als *Diktatur des Proletariats* bezeichnet hatten, als eine *Regierungsform* zu begreifen. Vielmehr sei darunter ein *Zustand* zu verstehen:

„Der Begriff der Diktatur des Proletariats, die also nicht die Diktatur einer bestimmten Person, sondern einer Klasse bezeichnet, schließt bereits aus, dass Marx an eine

---

46 Vgl. Lukács 1928, S. 307ff.: „Die demokratische Diktatur (...) als eine vollkommene Verwirklichung der bürgerlichen Demokratie, ist im strengen Sinne des Wortes ein Schlachtfeld, ein Feld des alles entscheidenden Kampfes zwischen Bourgeoisie und Proletariat. Freilich ist sie zugleich auch das wichtigste Mittel des Kampfes, eine Möglichkeit, die breitesten Massen anzusprechen, sie zu spontaner revolutionärer Aktion anzuspornen und zu führen, sowie die organisatorischen und ideologischen Formen zu lockern, durch deren Hilfe die Bourgeoisie unter ‚normalen' Umständen die breiten Massen des arbeitenden Volkes desorganisiert; die demokratische Diktatur ist eine Möglichkeit, jene organisatorischen Formen zu schaffen, durch deren Hilfe die breiten Massen der Arbeiter ihre Interessen der Bourgeoisie gegenüber zur Geltung bringen."
47 Fetscher 1973, S. 64.

2.1 Demokratie oder Diktatur

Diktatur im buchstäblichen Sinne gedacht hat. Er hat hier nicht von einer Regierungsform, sondern (...) von einem Zustand gesprochen (...)."[48]

Die Warnung Kautskys, die inhaltlich durch das Bemühen gekennzeichnet war, die *Diktatur des Proletariats* als eine Form politisch-kultureller Verfasstheit des Proletariats zu deuten, ähneln denen Blums auf frappierende Art und Weise. Auf dem Parteitag von Tours[49] – auf dem schließlich eine deutliche Mehrheit von zwei Dritteln der Delegierten für den Beitritt zur *Kommunistischen Internationale* und gegen den Verbleib im *alten Haus* (Blum) stimmte – erklärte Blum, angesichts der existenziellen Krise seiner Partei, an den kommunistischen Flügel gerichtet:

„Diktatur einer Partei, ja, Diktatur einer Klasse, ja, Diktatur einiger Individuen, bekannt oder unbekannt, dazu nein."[50]

Hinter diesen beiden kategorischen Ablehnungen der *Diktatur des Proletariats* im Sinne einer tatsächlichen Option politischen Handelns verbirgt sich eine gemeinsame Strategie. Eine dem Proletariat von außen aufgezwungene Transformation, also eine, die ursächlich nicht intrinsisch motiviert ist, wird scheitern, woran auch die Erhöhung des Drucks von außen zum Zweck der Handlungserzwingung nichts ändert. Politischer Wandel hat nur dann Aussicht auf Erfolg, wenn die dem Wandel ausgesetzten Individuen diesen auch bejahen und durch einen performativen Handlungsvollzug selbst erbringen. Aus diesem Primat der Verinnerlichung von Wandel als Praxis leiten sowohl Kautsky als auch Blum ihre jeweilige Forderung nach einer demokratisch organisierten Veränderung der bestehenden Verhältnisse ab. Demokratie, insofern sie als organisatorische Bedingung für die Aggregation einer Vielzahl intrinsisch verankerter Willensdispositionen gesehen wird, vergrößert die Chance für das Gelingen gesellschaftlichen Wandels.

Der *demokratische Imperativ* mit Blick auf die Ermöglichung von Wandel resultiert also aus einem relativ einfachen Kalkül, das die Finalitätserwartung – im Sinne eines *ex post* bezogen auf die kapitalistischen Wirtschaftsverhältnisse, nicht aber im Sinne einer Teleologie – einbezieht. Je mehr Demokratie in die Gestaltung von Wandel einfließt, desto größer ist auch die Chance auf die Etablierung einer sozialistischen Gesellschaft. Demokratie erhöht also die Erfolgsaussichten von politischer Reform.

---

48 Kautsky 1919a, S. 20.
49 Zum Ablauf des Parteitages vgl. Kriegel 1964.
50 Blum 1920, S. 155.

Mit Blick auf den Gang der Argumentation mag eine solche rein funktional begründete Einbindung von Demokratie in den Wandlungsprozess von Gesellschaft verstören. Denn der *demokratische Imperativ* wird hier nicht a priori als Wert gesetzt, sondern wird aus den projizierten Erfolgsaussichten demokratischer im Unterschied zu diktatorischen Strategien abgeleitet. Demokratie ist demnach – zumindest auf den ersten Blick – nicht ontologisch, sondern funktional gemeint. Andererseits stellt sich die Frage, ob angesichts eines auf der Annahme prozessualer Weiterentwicklung von per se nicht terminierbaren Problemkontexten gründenden Politikverständnisses eine ontologische Begründung von politischen Praktiken überhaupt Sinn macht. Tut sie das nicht – und im vorliegenden Fall ist dem tatsächlich so – dann bleiben eben nur situative, praktische Kriterien zur Bewertung von Strategien, wie eben das der Projektion der erwarteten Funktionalität einer bestimmten Praxis. Darüber hinaus gilt es auch an den historischen Kontext zu erinnern, in dem Kautsky und Blum ihr Argument formulieren. Sozialistische Theoriebildung etabliert in einem Umfeld Demokratie als politische Strategie, in dem Europa weder auf einen größeren Erfahrungsschatz im Umgang mit Demokratie hätte zurückblicken können und in dem sich kommunistische Problemlösungsansätze ob der historischen Nähe ihrer – vermeintlichen – Erfolge noch keineswegs diskreditiert sahen.

Angesichts dieser historischen Umfeldbedingungen wird auch deutlich, wie viel der sich zaghaft, aber dann mehr und mehr als demokratisch begreifende Sozialismus dem politischen Liberalismus verdankt. Geschichtshypothetisch ließe sich mit einigem Recht fragen, wie wohl die Opposition gegen den Linkstotalitarismus nach der Oktoberrevolution 1917 bei Kautsky und Blum ausgesehen hätte, wenn es vorher nicht einen Bernstein oder Jaurès gegeben hätte? Hätten Kautsky und Blum die Teilhabeermöglichung durch die Demokratie so vehement verteidigt, wenn nicht Bernstein vorher auf die vielen kleinen Erfolge in der alltäglichen politischen Auseinandersetzung verwiesen hätte, auch wenn diese unter den institutionellen Zwängen eines bourgeoisen Systems zustande gekommen waren? Und wäre Blum auf dem Parteitag von Tours so vehement für die Integrität der SFIO eingestanden, wenn er sich nicht als Sachwalter des republikanischen Sozialismus von Jaurès verstanden hätte?

Was die deutsche Seite der Auseinandersetzung über *Demokratie und Diktatur* anbelangt, so lässt sich angesichts der vorstehenden hypothetischen Fragen konstatieren, dass Art und Inhalt der Intervention Kautskys gegen den Bolschewismus klar durch den Revisionismus Bernsteins andeterminiert worden waren. Was Bernstein damit für die Stärkung liberaler und demokratischer Positionen innerhalb der sozialistischen Theoriebildung geleistet hat, ruht auf zwei argumentativen Säulen. Das ist einerseits seine radikale Ablehnung der Gewalt als legitimes, transformationsermöglichendes Instrument der Politik, die im folgen-

2.1 Demokratie oder Diktatur

den Kapitel noch eingehender zu besprechen sein wird. Und das ist auf der anderen Seite seine Argumentation zugunsten einer langfristigen, graduellen Veränderung der bestehenden Verhältnisse, die ihrerseits auf einer aktiven Einbindung einer möglichst großen Zahl von Akteuren beruht. Durch diese Axiome wird ein Politikverständnis deutlich, das sich in erster Linie als permanent handlungsermöglichend begreift. Politik wird in der Theorie Bernsteins – wie das im Übrigen auch Hannah Arendt auf sehr ähnliche Art und Weise formuliert hat[51] – von einer weder numerisch noch sonst wie ontologisch oder sozial determinierbaren Pluralität von Akteuren getragen, die sich in permanenten, netzwerkartigen Interaktionen miteinander im wechselseitigen Austausch befinden. Auf diesen Axiomen aufbauend erscheint das Politische als ein fluider Raum permanenter Interaktion, die durch einen wechselseitigen Austausch geprägt ist, der nicht durch einen wie auch immer gearteten Minderheitenwillen ad hoc unterbrochen werden kann. Sozialer Wandel, so Bernsteins Position gegenüber den Utopien transitorischer Ungeduld, vollzieht sich nicht schnell, im hier und jetzt, sondern langsam – dafür aber stetig. Und für diese stetige politische Praxis ist Demokratie der Schlüssel:

> „Du (gemeint ist Kautsky, ML) weißt nicht, wie großen Werth ich auf die Demokratie lege. Ich hätte ganz gut schrieben können, und wollte es ursprünglich sogar, daß der Sozialismus für mich in letzter Instanz Demokratie, Selbstverwaltung heißt."[52]

Während also Bernsteins Ablehnung der Diktatur als Regierungsform auf deren nicht gegebener Kompatibilität mit seiner eigenen, evolutionären Vorstellung von Politik beruhte, allzumal ein radikaler revolutionärer Bruch in der Gegenwart künftige interaktive Anknüpfungsoptionen abschneide, hatte Kautsky vor wie auch nach 1917 rein textexegetisch argumentiert und den interpretativen Rahmen des Marxismus nicht verlassen. Das gilt auch für seine Vorstellung der *Diktatur des Proletariats* im Sinne eines *Zustandes*, der als eine teilnehmende politischen Kultur gedacht, so aber nicht explizit gemacht wird. Bernstein indes geht diesen Schritt und sieht die Identität von demokratisch organisierter Selbstverwaltung mit der Idee des Sozialismus als gegeben an. Wandel wird bei beiden als ein im Proletariat möglichst breit verankerter, langwieriger Prozess verstanden, der, gerade weil er auf einer breiten Basis von aktiv teilnehmenden Personen ruht, nur graduell wirksam und somit – trotz seiner immanenten Tendenz zur Veränderung – stabil. Wandel selbst ist demnach kein totales Konzept bloßer

---

51 Vgl. Arendt 1993, S. 9: „Politik beruht auf der Tatsache der Pluralität der Menschen. (...) Politik handelt von dem Zusammen- und Miteinandersein der *Verschiedenen*." Hervorhebung im Original.
52 Bernstein 1898d, S. 559f.

Veränderung, in der auf einen Zustand a ein Zustand b folgt, der von a grundverschieden wäre. Vielmehr bedeutet Wandel, um als solcher überhaupt von den ihn gestaltenden Subjekten verstanden werden zu können, immer auch eine Fortschreibung von Gegenwart, also ein Mindestmaß an Immanenz, die in selbstreferenzieller Bezugnahme dann in der Differenz zu sich selbst überhaupt Veränderung – also das, was Wandel seinem Wesen nach ausmacht – zu identifizieren vermag.

Auf französischer Seite, namentlich bei Jean Jaurès, liest sich die unbedingte Parteinahme für die Allianz von Demokratie und Sozialismus wie folgt:

„(...) Die demokratische Republik ist nicht, wie es immer die selbsternannten Vertreter des doktrinären Marxismus behaupten, eine rein bourgeoise Regierungsform. (...) Im Gegenteil ist es die Republik, die, wie schon Engels festgehalten hat, die politische Form des Sozialismus darstellt: Sie kündigt ihn an, sie bereitet ihn vor, sie enthält ihn gar bereits zu einem gewissen Maße, denn nur sie vermag zu einer kontinuierlichen, legalen und bruchlosen Entwicklung hin zum Sozialismus zu führen."[53]

Die Republik erscheint damit als die politische *conditio sine qua non* für die erfolgreiche Implementierung sozialistischer Wandlungsprozesse, denn sie vermag den evolutionären Prozess der Überwindung des Kapitalismus zu stabilisieren, wozu der Sozialismus – so kann man Jaurès hier ausdeuten – aus sich selbst heraus zumindest nicht hinreichend in der Lage zu sein scheint. Republik und Sozialismus stützen sich wechselseitig in der Gestaltung von Wandel, der demnach offenbar sowohl statischen, stabilisierenden, wie eben auch dynamischen, verändernden Impulsen bedarf. Das gemeinsame Band, das Republik und Sozialismus verbindet, besteht, wie Jean-Jacques Becker argumentiert hat, in der demokratischen Organisation der politischen Praxis:

„Der Vertreter der Linken ist in allererster Linie ein Republikaner, aber das alleine reicht nicht mehr aus. (...) Der Vertreter der Linken muss dazu nunmehr auch noch Demokrat sein."[54]

Das ist, selbst in dieser Zuspitzung, keineswegs mehr eine französische Spezialität, oder gar ein Sonderfall. Sozialismus als *Freiheit in Gemeinschaft* kann ohne die wechselseitige Bezugnahme von Demokratie und Republik nicht gelingen.

Dementsprechend sind auch die Argumentationsstrategien zur Ablehnung einer diktatorisch implementierten Transformation durch den beständigen Rekurs auf das Konzept der Republik als eines stabilisierenden Rechtsgefüges orientiert.

---

53 Jaurès 1922, S. LXIIIf.
54 Becker 2004, S. 723.

2.1 Demokratie oder Diktatur

Sowohl bei Jaurès als auch bei Blum wird die Diktatur dabei als despotischer Gegenentwurf zur Republik adressiert, die als eine auf Dauer gestellte Herrschaft einer Minderheit über eine Mehrheit – so das Argument von Blum – genauso illegitim sei, wie sie es in ihrer Unvereinbarkeit mit einer umfassenden Rechtsgeltung ist, wie Jaurès das so nachhaltig unterstrichen hat.

In einer systematischen Erschließung der Ablehnung der *Diktatur* im französischen Sozialismus erweisen sich zwei Argumentationslinien als zentral, die beide über die Konstruktion eines Zusammenhanges von Regierungsführung und Rechtstaatlichkeit funktionieren. Bei Jaurès findet sich die kategorische Ablehnung einer jeden Regierungsform, die nicht auf Rechtstaatlichkeit beruht. Die *Diktatur* wird dabei – unabhängig von ihrem funktionalen Wert oder ihrer postulierten Finalität – als despotische Praxis identifiziert und abgelehnt. Blum hingegen ist in seiner Ablehnung der *Diktatur* weniger kategorisch. Zwar bezeichnet er die strukturelle, zeitlich nicht limitierte Dominanz einer Minderheit über eine Mehrheit in Anlehnung an Jaurès ebenfalls als Despotismus. Das jedoch gilt für den Normalzustand. Im Vorfeld der Realisierung des Sozialismus, also während der Umwandlung der kapitalistischen in sozialistische Produktionsverhältnisse, scheinen ihm diktatorische Maßnahmen im Sinne einer Art *Ausnahmekompetenz* als unabkömmlich.

Blum kompensiert seine Aufweichung der Ablehnung diktatorischer Maßnahmen jedoch durch seine uneingeschränkte Zusammenschau von Sozialismus und Demokratie. Ganz im Sinne von Jaurès sind für ihn demokratisch-republikanisch organisierte Regierungspraktiken die einzigen, die voll umfänglich mit dem Sozialismus vereinbar seien. Die permanente Geltung von Gesetzen erscheint als juridische Ergänzung des Sozialismus. Blums Argumentation ist hier insofern nicht kohärent, als dass er einerseits permanente Rechtsgeltung und Sozialismus aneinander koppelt, auf der anderen Seite jedoch auch Phasen der Normsuspendierung zu akzeptieren gewillt ist. Seine grundsätzlich vorhandene Skepsis gegenüber der transformationsermöglichenden *Diktatur* gereicht ihm nicht zu ihrer ebenso nachhaltigen Ablehnung, wie das bei Jaurès der Fall ist.

Von der absoluten beziehungsweise relativ absoluten Einhegung diktatorischer Praktiken erwarten sich sowohl Blum als auch Jaurès eine weitgehende Kontinuität im vom Sozialismus angestrebten Wandlungsprozess der Gesellschaft. Kontinuität wird insbesondere dadurch angestrebt, dass eine größtmögliche Zahl an Bürgern aktiv in die Gestaltung von Veränderung eingebunden wird. Diese demokratisch zu organisierende Einbindung einer möglichst großen Zahl wertet die situativ erforderlichen politischen Maßnahmen zudem dahingehend auf, als dass sie als ihnen, gerade weil möglichst viele teilnehmen und mit gestalten können, eine Art grundständiger Legitimität attestiert.

In der Zusammenschau der deutschen und französischen Argumentation wird deutlich, dass sich diese in ihrer Substanz nicht unterscheiden. Die *Diktatur als Regierungsform* (Kautsky) erfährt eine grundsätzliche Ablehnung, weil sie demokratischen Regierungspraktiken widerspricht. Politischer Wandel erweist sich dabei weder als eine exklusive Angelegenheit einer kleinen Gruppe, die noch dazu nach Belieben Veränderungen implementieren dürfte, geschweige denn könnte. Stattdessen favorisieren die Autoren einen Wandel, der in kleinteiligen Schritten kontinuierlich abläuft und der von einer größtmöglichen Gruppe von Personen – zumindest jedoch von der eigenen politischen Klientel – mit getragen wird. Revolution funktioniert wenn dann nur als *Graswurzelrevolution*, und die wiederum ist demokratisch, jedoch nicht diktatorisch organisiert. „Die Revolution von oben", so hatte das bereits Pierre-Joseph Proudhon vorhergesagt, „(...) das ist die Revolution eines Diktators und des Despotismus."[55] Und in den *Bekenntnissen eines Revolutionärs* – dem Proudhon-Biographen Charles Augustin Sainte-Beuve zu folge sein *schönstes Buch* – fährt er fort:

> „Die Revolution auf Grundlage der Initiative der Massen kommt durch die Zustimmung der Staatsbürger, durch die Erfahrung der Arbeiter, durch den Fortschritt und die Verbreitung der Aufklärung; sie ist die Revolution durch die Freiheit."[56]

Die von Proudhon hier etablierte Unterscheidung zwischen einer Revolution von oben und einer Revolution von unten stimmt mit dem Grundtenor der politischen Einschätzungen von Bernstein, Kautsky, Jaurès und Blum dahingehend überein, als dass auch die letztgenannten für eine Revolution von unten, sprich für einen demokratisch verfassten Wandlungsprozess optiert haben. Mit dieser Grundausrichtung ist gleichsam auch die Palette der für die Ermöglichung von Wandel akzeptablen Mittel prädeterminiert.

2.2 Teilhabe oder Gewalt

Bevor nun also erörtert werden kann, inwiefern die für die Ermöglichung von Wandel verfügbaren Mittel durch die *Metaentscheidung* zugunsten von *Demokratie* oder *Diktatur* prädeterminiert sind, gilt es zunächst, diese Mittel selbst näher zu skizzieren. Dabei bedarf die gemeinsame Betrachtung der beiden, innerhalb des Diskurses für grundsätzlich plausibel gehaltenen Praktiken zur Ge-

---

55 Proudhon 1969, S. 21.
56 Proudhon 1969, S. 21.

2.2 Teilhabe oder Gewalt

staltung von Wandel – also von Teilhabe[57] und Gewalt – insbesondere hinsichtlich des vorliegenden Gewaltverständnisses einer Präzisierung.

In konsekutiver Folge der vorgenannten organisatorischen Charakteristika von Wandel, die sowohl in ihrer demokratischen als auch in ihrer diktatorischen Variante auf die Überwindung einer bestehenden Ordnung und auf deren Ablösung durch eine neue Ordnung abzielen, muss Gewalt folgerichtig als *Herstellungsgewalt* (Sven Papcke) begriffen werden:

> „(...) Gewalt (kann) im Revolutionsentwurf des Sozialismus niemals Sozialinhalt werden (...). Prae- oder postrevolutionäre Gewalt sind immer gedacht als politisches Herstellungswerkzeug. (...) Nicht Gewalt an sich, sondern revolutionäre Gewalt steht daher zur Debatte."[58]

In diesem Sinne kann auch Teilhabe – sozusagen als *revolutionäre Teilhabe* – mit Blick auf die Etablierung einer neuen Gesellschaft eine ähnliche Wirkung entfalten, wie eben *revolutionäre Gewalt*. Allerdings steht zu erwarten, so die Annahme, dass schon durch den Modus der Hervorbringung der postrevolutionären Gesellschaft selbst deren eigene, sich später manifestierende Qualität mit ausprägt. Die Mittel der gesellschaftlichen Transformation verschwinden nicht mit dem Vollzug von Wandel, sondern sie diffundieren durch den Wandlungsprozess in die postrevolutionäre Gesellschaft hinein. Die Modalitäten des Wandels, so die Vorstellung, legen die neue Gesellschaft mit fest.

Von daher sind die Mittel, die für die Umsetzung von Wandel zur Verfügung stehen, nicht nur mit Blick auf die ihnen a priori zuerkannte Fähigkeit zur Ermöglichung von Wandel, sondern auch mit Blick auf ihre Kompatibilität mit einem an den Idealen von Demokratie und Freiheit orientierten Entwurf künftiger Gesellschaft zu prüfen. Denn Wandel, der mit undemokratischen, die politische Freiheit unterminierenden Mitteln *elementarischer Gewalt* (Bernstein) hervorgebracht wird, wird keine demokratische oder gar freie Gesellschaft begründen.

Von dieser Prämisse ausgehend, die gerade in der Entscheidung über die strategische Grundausrichtung von Wandel eine Vorfestlegung der Qualität des Ergebnisses des Wandels ausmacht, entfaltet sich die instrumentelle Dimension, entfaltet sich der Problemhorizont des *Was tun?* in der argumentativen Auseinandersetzung innerhalb des sozialistischen Diskurses. Denn wenn die Praxis der

---

57 Zur gegenwartsbezogenen Debatte um politische Teilhabe und ihre politische wie individuelle Ermöglichung durch die – europaweit in der Krise befindliche – Sozialdemokratie vgl. etwa Reinhardt 2011, etwa S. 563: „Die SPD kann ihre Krise nur überwinden, wenn sie sich der Mehrheit ihrer Wähler wieder öffnet und ihrer Funktion als Partei des Sozialstaates, der Emanzipation und Partizipation wieder gerecht wird."
58 Papcke 1973, S. 63.

Transformation eine Vorfestlegung mit Blick auf die politische Beschaffenheit der durch sie hervorgebrachten Gesellschaft mit sich bringt, dann erweist sich ein gewaltsamer Bruch mit allem Bestehenden als keine gangbare Option.[59] Die transitorische Praxis muss mehr sein als ein gewaltsamer Bruch, sie muss mehr sein als eine bloße Ablösung überkommener Strukturen, wenn die nachfolgende gesellschaftliche Formation nicht in eine Perpetuierung von Gewaltverhältnissen münden soll. Sie muss stattdessen, in Anknüpfung an die Realität vor dem Wandel, von der sie ja ihren Ausgang nimmt, einen Prozess eröffnen, der eine aktive Gestaltung des Wandels ermöglicht. Es ist diese Vorstellung von Wandel im Sinne einer *Periode des Übergangs*, die eine Praxis kontinuierlicher Veränderung nicht nur denkbar, sondern geradezu notwendig werden lässt. Diese Vorstellung eines kontinuierlichen Wandels beinhaltet nämlich die Idee einer beständigen, wechselseitigen Referenz zwischen alter und neuer Ordnung, die ihrerseits für die mit zunehmendem gesellschaftlichen Wandel prekärer werdenden von Legitimität im Rahmen des Wandlungsprozesses von fundamentaler Bedeutung ist.

Für die Begründung eines kontinuierlichen gesellschaftlichen Wandels, der insbesondere ohne den Rückgriff auf gewaltsame Mittel auszukommen vermag, erweist sich de von Bernstein formulierte Kritik an der Vorstellung instrumenteller, effektiver Gewalt als für den Diskurszusammenhang paradigmatisch. Für Bernstein erweist sich Gewalt, und hier insbesondere revolutionäre oder sonst wie politisch motivierte Gewalt als absolut untaugliches Mittel zur Durchsetzung gesellschaftlichen Wandels. Denn ihre Anwendung führe, so Bernstein, nicht nur zu einem radikalen Kontinuitätsbruch, sie münde, gerade dann wenn sich die Herrschaft einer Minderheit über eine Mehrheit verfestige, in – wie Hannah Arendt das genannt hatte – apolitische Verhältnisse:

„Politisch gesprochen genügt es nicht zu sagen, daß Macht und Gewalt nicht dasselbe sind. Macht und Gewalt sind Gegensätze: wo die eine absolut herrscht ist die andere nicht vorhanden. (...) Der Extremfall der Macht ist gegeben in der Konstellation: Alle gegen Einen, der Extremfall der Gewalt in der Konstellation: Einer gegen Alle. Und das letztere ist ohne Werkzeuge, d.h. ohne Gewalt*mittel* niemals möglich."[60]

Ganz im Sinne der Analyse Arendts und entgegen jeder *apolitischen Versuchung* instrumenteller Gewalt im Kontext gesellschaftlichen Wandels, die immer be-

---

59 Vgl. hierzu angesichts der aktuellen Debatte über Teilhabechancen der Jugend mit Blick auf die künftige Ausgestaltung von Gesellschaft analog auch Hessel 2011b, S. 11: „Ich habe die (...) Überzeugung gewonnen, dass revolutionäre Gewaltakte gegen die bestehende Ordnung keinen geschichtlichen Fortschritt bringen."
60 Arendt 1998, S. 43, Hervorhebung im Original.

2.2 Teilhabe oder Gewalt 31

hauptet habe, „daß der revolutionäre Weg (immer im Sinne von Revolutionsgewalt) schnellere Arbeit leistet, soweit es sich um das Hinwegräumen von Hindernissen handelt"[61], unterstreicht Bernstein die konstruktive und Kontinuität sichernde Qualität von politischer Teilhabe.

> „Die verfassungsmäßige Gesetzgebung arbeitet in dieser Hinsicht in der Regel langsamer. Ihr Weg ist gewöhnlich der des Kompromisses, nicht der Abschaffung, sondern der Abfindung erworbener Rechte. Aber sie ist da stärker als die Revolution, wo das Vorurteil, der beschränkte Horizont der großen Masse dem sozialen Fortschritt hindernd in den Weg tritt, (...) wo es sich um die Schaffung dauernd lebensfähiger ökonomischer Einrichtungen handelt (...)."[62]

Als Entgegensetzung zur *Negativität revolutionärer Gewalt*[63] etabliert Bernstein demnach den Mechanismus *verfassungsgemäßer Gesetzgebung*. Mit Blick auf die Ermöglichung von Wandel löst er den Gegensatz von Gewalt und Teilhabe dahingehend auf, dass Teilhabe, insofern sie nachhaltig gestaltend wirken können soll, einer rechtlichen Einhegung bedarf. Diese rechtliche Einhegung, die zunächst als Handlungsrestriktion erscheint, bewirkt jedoch letztlich, dass nicht beliebige, kontingente Wandlungsoptionen permanent ausprobiert werden können. Die Einhegung durch Rechtsetzung erreicht demnach zweierlei: einerseits erfolgt eine Auswahl von Teilhabeoptionen mit Blick auf deren Realisierung – es erfolgt also eine Art Kontingenzreduktion politischer Wirklichkeit – und andererseits trägt die rechtliche Festschreibung von Praktiken des Wandels zu einer Kanalisierung von im Folgenden möglichen Handlungen bei – Kontingenz wird in Pfadabhängigkeit überführt.

Zusätzlich schränkt Bernstein die Qualität von Teilhabe dahingehend ein, dass er auch die politische Initiativkompetenz begrenzt. Nicht mehr jeder kann jederzeit auf Grundlage seines Teilhabeanspruchs hinsichtlich der Gestaltung von Wandel intervenieren. Bernstein positioniert sich damit als Skeptiker gegenüber der Interventions- und, so hart einschränkend muss man das wohl formulieren, der Politikkompetenz der Massen. Eine partizipative politische Kultur geht, auch was die politische Initiativkompetenz anbelangt, immer mit der Delegation von Entscheidungs- und Handlungskompetenzen einher. Mit einer solchen – mit Schumpeter gesprochen müsste es heißen – *elitären Demokratie*- oder Teilhabe-

---

61 Bernstein 1899a, S. 250f.
62 Bernstein 1899a, S. 251.
63 Vgl. für diese Formulierung Bernstein 1899a, S. 251: Über den revolutionären Weg heiße es, so Bernstein, „daß seine Stärke auf der negativen Seite liegt."

konzeption[64] erreicht Bernstein eine weitere Reduktion transitorischer Spontaneität. Oder, von der anderen Seite betrachtet, eine Stabilisierung von Wandel hin zu einem kontinuierlich gestaltbaren, nachhaltigen Prozess, indem demokratische Teilhabe auf die Wahl von Repräsentanten abstellt.

Teilhabe, so macht Bernstein deutlich, ist gegenüber revolutionärer Gewalt das erfolgreichere Konzept zur Implementierung politischen Wandels – wenn Teilhabe selbst moderiert wird. Umgesetzt werden kann eine solche Kanalisierung ansonsten multipler und kontingenter Realisierungs- und Vollzugsformen von Teilhabe durch die Einrichtung eines verfassungsrechtlich gesicherten Institutionengefüges sowie durch die Auswahl von Repräsentanten, die als Filter zwischen dem Institutionengefüge und der politisch amorphen Masse fungieren. Aus dieser Perspektive resultiert dann eine neue Akzentuierung der politischen Prioritäten, weg von der Fixierung auf Zukünftigkeit, hin zur Betonung von in der Gegenwart verankerten Praktiken zur Unterstützung von Teilhabe im Wandlungsprozess:

> „Wer nicht von einem jähen Sprunge in die vollendete kommunistische Gesellschaft träumt", so Bernstein, „wird daher, wie die Durchsetzung wirthschaftlicher Reformen, so auch die Weiterbildung der Moral- und Rechtsanschauungen nicht als eine Sache betrachten, die lediglich der Zukunft anheim fällt."[65]

Im Unterschied zu Praxis *revolutionärer Gewalt* initiiert politische Teilhabe also einen Wandlungsprozess, der in sich selbst schon auf Gegenwärtigkeit angelegt ist. Während Gewalt – im Sinne von *Herstellungsgewalt* – nicht selbstzweckartig veranlagt ist, insofern sie erst die politischen, sozialen etc. Verhältnisse schaffen soll, in denen dann eine neue, eine andere Politik möglich wird, verfügt die politische Teilhabe über ein ihr inhärentes gestalterisches Moment, in dem sich Veränderung und Gestaltung ergänzen und nicht etwa konsekutive Phänomene darstellen.

Was das Binnengefüge des Diskurses über mögliche Vollzugsformen von Wandel anbelangt, so verfügt Bernsteins Argumentation gegen die vermeintliche Effizienz *revolutionärer Gewalt*, die gleichsam auch eine Intervention zugunsten einer nach Möglichkeit auf Dauer zu stellenden politischen Teilhabe darstellt, über einen exklusiven Status. Weder Kautsky noch Jaurès oder Blum haben – trotz aller Ablehnung revolutionärer Allmachtsphantasien – ihre Kritik am Bolschewismus in diesem Maße konstruktiv formuliert, wie Bernstein das mit Blick

---

64 Vgl. Schumpeter 1950, S. 428: „(...) die demokratische Methode ist diejenige Ordnung der Institutionen zur Erreichung politischer Entscheidungen, bei welcher einzelne die Entscheidungsbefugnis vermittels eines Konkurrenzkampfs um die Stimmen des Volkes erwerben."
65 Bernstein 1898b, S. 395.

2.2 Teilhabe oder Gewalt 33

auf die Gegenwärtigkeit reformerischer Politik getan hat. Vielmehr übernehmen sie Bernsteins Argumentation, was sich besonders deutlich in Kautskys Argumentation in der Folge der Russischen Revolution nach 1917 nachweisen lässt.[66] Und auch Jaurès mit seiner Vorstellung einer *émancipation légale* sowie Blum im Rahmen seiner Intervention in Tours verlangen vehement nach Teilhabe[67], um die politische Gestaltungsmacht ihrer Klientel politisch kanalisieren zu können. Insofern stellt die Forderung nach politischer Teilhabe einen Kernaspekt des Diskurses über den Wandel da. Wandel ist demokratisch und er ist darüber hinaus als kontinuierlicher Prozess immer auch gegenwärtig. Darüber hinaus – so muss jedoch auch einschränkend festgehalten werden – erfolgt keine weitere Differenzierung des Partizipationsverständnisses.[68] Zwar favorisiert Bernstein offensichtlich eine repräsentativ organisierte, mittelbare Teilhabe, er führt dies aber konzeptionell nicht weiter aus. Das Konzept des *jähen Sprungs* (Bernstein) jedenfalls, wie es als abrupte Form diskontinuierlichen Wandels auf Grundlage revolutionärer Zwangsgewalt im Bolschewismus präsent ist, erweist sich aus dieser Perspektive als nicht nachhaltig.

All das kulminiert wiederum in einer Idee, die Hannah Arendt in ihrer bereits zitierten Auseinandersetzung über die Unterschiede von *Macht und Gewalt* wie folgt formuliert hatte:

„Revolutionen gerade werden nicht ‚gemacht' und am wenigsten durch eine erlernbare Prozedur, in der man vom Dissent zur Verschwörung, vom passiven Widerstand zum bewaffneten Aufstand fortschreitet. Wo Gewalt der Gewalt gegenübersteht, hat sich noch immer die Staatsgewalt als Sieger erwiesen."[69]

Revolution – und mit ihr *revolutionäre Gewalt* – wird, wenn sie als exklusive, nur einer politischen Elite zur Verfügung stehendes Instrumentarium gesellschaftlichen Wandels gedacht und praktiziert wird, scheitern, weil sie dem staatlichen Repressionsapparat zwar auf instrumenteller Ebene zu begegnen vermag – auch wenn Arendt hinsichtlich des Ausgangs dieses Kräftemessens skeptisch ist. Die strategisch viel bedeutsamere Aggregation politischer Interessen jedoch vermag eine rein instrumentell ausgerichtete Wandlungsbewegung nicht zu erreichen. Sie begibt sich damit der Unterstützung der dann letztlich vereinzelt bleibenden, in Passivität und Apathie verharrenden Individuen, denen sie ihre Beweggründe, ihre Handlungsmotive nicht nur nicht zu vermitteln vermag – sie unternimmt nicht einmal den Versuch, da aus ihrer rein instrumentellen Wahr-

---

66 Vgl. Lemke 2008, S. 258ff.
67 Vgl. Lemke 2008, S. 296ff.
68 Zur Differenzierung von Teilhabeverständnissen vgl. ausführlich Martinsen 2006, S. 31–45.
69 Arendt 1998, S. 49.

nehmung von Wandlungsprozessen der Kampf um die Köpfe, das Bemühen um die Etablierung hegemonialer Deutungsentwürfe, schlichtweg keine Rolle spielt, keine Rolle spielen kann.

2.3 Reform oder Revolution

Die beiden vorgenannten Dimensionen des argumentativen Ringens um diskursive Hegemonie innerhalb des Sozialismus über mögliche und unmögliche Vollzugsformen von Wandel verdichten sich in komplementärer Betrachtung zu zwei unterschiedlichen Hervorbringungsmodi gesellschaftlichen Wandels. Diese beiden Hervorbringungsmodi können durch die Label *Reform* und *Revolution* auch historisch adäquat beschrieben werden. Manche Aussagen passen dabei dann kaum ins Bild, wie etwa der folgende, recht knappe, aber dafür sehr bestimmte Satz: „Die revolutionäre Periode ist beendet."[70] – Was Jaurès da so apodiktisch verkündete, war wohl mehr Ausdruck einer politischen Hoffnung, als eine adäquate Gegenwartsdiagnose, war mehr ein Indiz für den bestehenden, nach wie vor nicht entschiedenen Deutungskampf um diskursive Hegemonie, als politische Gewissheit.

Auch aus der Logik der politischen Auseinandersetzung heraus wäre es mit Sicherheit unzutreffend, Jaurès dahingehend zu interpretieren, er habe den Abgesang auf die Revolution angestimmt. Denn der *Mythos der proletarischen Revolution* war zu bedeutend, als dass demokratische Sozialisten oder Kommunisten auf ihn hätten verzichten können oder wollen. Die Verheißung des *letzten Kampfes*, wie Eugène Pottier diesen Mythos in der *Internationale* verklärt hatte, wäre als Identität stiftender Markenkern des Sozialismus am Beginn des 20. Jahrhunderts schlechterdings unersetzbar gewesen. Revolution war gleichbedeutend mit dem Versprechen einer künftigen Befreiung aus den Fängen einer mehr als niederschmetternden, inhumanen Gegenwart, die – und das war eben das Besondere – eigenhändig, durch eigene, gegenwärtige politische Aktionen erreichbar sein würde. Diese Selbstversicherung der eigenen Kompetenz und Handlungsfähigkeit mit Blick auf die Gestaltung einer lebenswerten Zukunft, die in diesem Mythos der Revolution eingebettet ist, erklärt, warum es für die Sozialisten auf beiden Seiten – auf der demokratischen wie auf der kommunistischen – nicht nur nicht wünschenswert, sondern auch nicht möglich sein konnte, auf ein solcherart aufgeladenes Label zu verzichten. Es ist dieses Dilemma – einen Begriff als anschlussfähiges, integrativ wirkendes Label zu benötigen, ohne jedoch die da-

---

70 Jaurès 1902, S. 29.

2.3 Reform oder Revolution

mit verbundene politische Praxis einkaufen zu müssen – das Léon Blum in seiner Intervention auf dem Parteitag in Tours angesprochen hat, als er sagte:

> „Aber die Idee der Revolution enthält, unserer aller Meinung nach, wie ich glaube, folgendes: (...) der Übergang von einem Eigentumsregime zu einem anderen wird sich nicht durch bloße Anpassung oder kontinuierliche Veränderung erreichen lassen, sondern, zu gegebener Zeit, wenn es nämlich um die eigentliche Frage geht, um die nach der Ordnung des Eigentums, wie auch immer dann die bereits erreichten Veränderungen und Einhegungen aussehen mögen, wird ein Bruch der Kontinuität, eine absolute, kategorische Veränderung erforderlich werden.
> Wir verstehen noch etwas anderes unter dem Begriff Revolution. Nämlich dass der Bruch der Kontinuität, der den Beginn der Revolution selbst markiert, als notwendige, nicht aber als hinreichende Vorbedingung die Eroberung der politischen Macht voraussetzt. Das ist die eigentliche Wurzel unser politischen Überzeugung."[71]

Indem Blum die Eroberung der politischen Macht als prärevolutionäre Bedingung einer nachhaltigen Veränderung der bestehenden Eigentumsverhältnisse begreift, ist auch bei ihm – trotz aller sonstigen revolutionären Rhetorik – der finale Bruch der gesellschaftlichen Kontinuität nichts anderes mehr, als eine Schwelle, die eine langfristig angelegte Reformbewegung eines Tages wird überschreiten können. Nicht die Revolution steht damit auf der politischen Agenda, sondern die rein gegenwärtige Einflussnahme auf die bestehenden (Eigentums-)Verhältnisse. Revolution erweist sich damit nicht als ein gewaltsamer Akt spontaner und radikaler Veränderung. Vielmehr kann sie als Indikator für ein Maß für eine tatsächlich erfolgte politische Einflussnahme begriffen werden, deren Auswirkungen die Bedingungen, die vor ihrer Realisierung gegeben waren, massiv verändert hat. Mit anderen Worten, der *Mythos der Revolution* ist nichts als eine andere Beschreibung für politischen Erfolg, gemessen anhand einer möglichst großen Veränderung des *status quo*, verglichen mit dem *status quo ante* von Reformtätigkeit.

In analytischer Hinsicht beinhaltet diese funktionale, politische Verzahnung der Begriffe von Reform und Revolution, die vordergründig auf zwei vollkommen unterschiedliche politische Strategien zur Realisierung von Wandel verweisen, zwei sehr verschiedentlich ausgeprägte Zugriffe auf das Verständnis gesellschaftlicher Realität selbst. Begreift man die erstgenannte als eine Phase aktiver politischer Einmischung im Übergang von einer Gesellschaftsformation zu einer anderen, dann scheint hier ein Verständnis von politischer Intervention durch, das die immer wieder neu ablaufende, die immer wieder neu zu gestaltende politische Praxis vor dem Hintergrund der irreduziblen gesellschaftlichen Komplexi-

---

71 Blum 1920, S. 147.

tät zu fassen vermag. Die politische Gestaltung von Wandel wird immer wieder neu erforderlich, er kann, ja er muss aber auch immer wieder neu gestaltet werden. Diesem der Reform inhärenten Konzept permanenten, unendlichen Wandels, das mit einem ebenso auf unendlich gestellten Gesellschaftsverständnis korrespondiert, eröffnet sich die *Vollzugsdimension* von Wandel. Die Frage nach dem *Wie ist Wandel möglich?* rückt ins Zentrum des Interesses. Demgegenüber fällt im Begriff der Revolution die Betrachtung von Wandel sowohl funktional wie auch ontologisch auf einen sehr engen Raum zusammen. Gesellschaftliche Realität wird hier in ihrer Komplexität radikal reduziert, was einerseits an der holzschnittartigen Entgegensetzung von alter und neuer Gesellschaft liegt, die sich um das politische Scharnier der Revolution als zwei soziale Entitäten formieren. Darüber hinaus suggeriert die teleologische Fokussierung auf die neue, postrevolutionäre Gesellschaft, die durch die Revolution hervorgebracht werden soll, deren nachgerade technische Herstellbarkeit. Anstelle der Vollzugsdimension von Wandel dominiert also die *Ergebnisdimension*; es geht mithin nicht um das *Wie*, sondern um das *Was* im Kontext von Wandel.

Dementsprechend bieten die Konzepte von *Reform* und *Revolution* auch eine Deutungsoption für das vorliegenden Geschichts- und Politikverständnis desjenigen an, der sich entweder des einen oder des anderen Begriffes schwerpunktmäßig bedient. Die jeweilige Identifikation entweder der einen oder der anderen Deutungsoption hängt dabei von zwei Indikatoren ab, nämlich von der Vorstellung über den sequenziellen Ablauf von Ereignissen einerseits, sowie von den als möglich erachteten Steuerungskompetenzen der Politik.

Gemessen an diesen beiden Indikatoren verfügen Vertreter einer revolutionären Vorstellung gesellschaftlichen Wandels über das Bild trennscharf identifizierbarer und analytisch unterscheidbarer Einzelsequenzen gesellschaftlicher Entwicklung, an deren Übergängen sich handlungsermöglichende Gestaltungsfenster eröffnen. Die einzelnen gesellschaftlichen Entwicklungsabschnitte sind durch Phasen erhöhter Interventionsoffenheit miteinander verknüpft. Wandel läge demnach dann vor, wenn mindestens eine Abfolge zweier Einzelsequenzen gegeben ist, die wiederum durch ein Gestaltungsfenster miteinander verknüpft sind. In Abwesenheit solcher Momente beschleunigter Veränderung sind dann allerdings auch Zeiträume denkbar, in denen Wandel entweder stagniert, oder aber gar nicht vorhanden ist.

Entgegen dieser revolutionären Konzeption von Wandel entwerfen Vertreter eines reformerischen Bildes gesellschaftlichen Wandels diesen als einen permanent in Bewegung befindlichen Prozess. Bernstein hatte das in einem Brief an Kautsky aus dem Februar 1898 einmal so angedeutet:

2.3 Reform oder Revolution

> „Das die Soziale Praxis und andre Sozialreformer mich als ‚Genossen' reklamiren, ist mir au fond recht gleichgültig. Erstens bin ich ja in Wirklichkeit nur Sozialreformer. An Umsturz glaube ich nicht, Gewaltkonflikte politischer Natur stehen auf einem andern Kapitel, und die Revolution der Gesellschaft kann nur durch Reformen, d.h. immer nur partiell durchgeführt werden. Wozu also das Prahlen mit der Sozialen Revolution?"[72]

Die Vertreter des proreformerischen Revisionismus, wie eben Bernstein, stellen dabei weder auf analytisch ausdifferenzierbare Einzelsequenzen gesellschaftlicher Entwicklung, noch auf besonders geeignete Zeitfenster für gestalterische Interventionen ab. Hier – man denke etwa an die berühmte *Endziel-Sentenz* bei Bernstein[73] – liegt ein Verständnis sozialer Ereignisse vor, die im Sinne einer Ereigniskette als permanent in einem Fluss befindlich gedacht werden. „Die Geschichte", so hatte Bernstein diesen Sachverhalt einmal umschrieben, „kennt keine Entwicklung nach der Schablone, sie kennt nur Tendenzen der Entwicklung, die deren Richtung bestimmen, ohne sich jedoch in voller Reinheit durchzusetzen."[74] Dadurch steigt bei den Vertretern der Reform nicht nur die Akzeptanz auch mikroskopisch kleiner Veränderungen in gesellschaftlichen Kontexten, sondern es sinkt gleichsam auch die Anforderung an politische Steuerungsinstanzen. Letzteres deutet dabei nicht unbedingt auf eine Skepsis gegenüber den Steuerungskompetenzen des politischen Systems hin. Vielmehr erscheint eine Vernachlässigung der politischen Steuerung von oben möglich, weil der permanente gesellschaftliche Wandlungsprozess von einer Vielzahl kleiner und kleinster Impulse getragen wird, so dass sich in der Folge Steuerung von oben als faktisch obsolet erweist. Im Unterschied zum revolutionären Wandlungskonzept wird Wandel nicht als herstellbares Produkt, sondern als politische Vollzugsform gedacht.

Ausgehend von diesen grundsätzlichen Überlegungen zu den beiden kategorial unterschiedlichen Wandlungsbegriffen – einmal aus revolutionärer, einmal aus reformerischer Sicht – öffnet sich nun der Blick auf die innerhalb des sozialistischen Diskurses sowohl in Deutschland wie auch in Frankreich vorherrschenden Konzeptionen gesellschaftlichen Wandels mitsamt den jeweils vorgenommenen Akzentuierungen sowohl des einen wie auch des anderen Konzepts.

Betrachtet man zunächst die deutsche Seite, dann ist eingangs festzuhalten, dass der deutsche Diskurs die Entgegensetzung von Reform und Revolution mit Blick auf ihre jeweilige politisch-strategische Umsetzung nachgerade prototypisch abbildet. Deutlich wird dies anhand der fokussierten Analyse dreier Kern-

---

72 Bernstein 1898d, S. 565.
73 Vgl. Bernstein 1898a, S. 556.
74 Bernstein 1897b, S. 776.

aspekte des Diskurses, nämlich anhand des zugrunde gelegten Politikbegriffs, der spezifischen Vorstellung von Modernität sowie der Grundlage zu Bemessung politischen Erfolgs. Bernstein, als politischer Schöpfer des Reformflügels, vertritt einen Politikbegriff, der – ausgehend vom politisch qualifizierten Individuum – eine permanente Kette von Entscheidungs- oder Handlungsoptionen unterstellt. Politik, insofern sie auf die Wahrnehmung von Entscheidungs- und Handlungsoptionen zurückgeführt wird, entwickelt sich demnach evolutionär und kann, zumindest auf der Mikroebene, auch gesteuert werden. Die Reform – von Bernsteins politischen Gegnern als vollendete Demoralisierung des sozialistischen Bewusstseins beklagt[75] – verkörpert diesen evolutionären, vom Individuum aus gedachten Prozess politischer Evolution, und das in einem doppelten Sinne. Einerseits, indem sie als Synonym für den evolutionären Politikstil selbst steht und andererseits, indem sie in einem modernen, komplexen gesellschaftlichen Umfeld durch die Realisierung gradueller Veränderungen Fortschritt nicht nur möglich, sondern auch sichtbar macht. Revolutionär induzierte Wandlungsprozesse werden von Bernstein dezidiert abgelehnt, da diese nur unter vormodernen Bedingungen, also in einfach strukturierten, wenig komplexen Gesellschaften erfolgreich sein könnten. Mit Blich auf die *Diktatur des Proletariats* hat Bernstein diese dezidiert ablehnende Haltung einmal wie folgt formuliert:

> „Die Letztere heißt für mich Anarchie, und zwar die schlimmste Form derselben, nämlich jakobinische Anarchie. (...) Jakobinismus und Demokratie sind Gegensätze."[76]

Angesichts der typisch modernen Komplexität gesellschaftlicher Strukturen erweist sich die Reform als evolutionär wirkende politische Strategie, die, indem sie graduelle Veränderungen ermöglicht, politische Erfolge sichtbar macht. Erinnert sei noch einmal an seine Einlassung in den *Problemen des Sozialismus*:

> „Wer nicht von einem jähen Sprunge in die vollendete kommunistische Gesellschaft träumt, wird daher, wie die Durchsetzung wirthschaftlicher Reformen, so auch die Weiterbildung der Moral- und Rechtsanschauungen nicht als eine Sache betrachten, die lediglich der Zukunft anheim fällt."[77]

Kautsky erweist sich, was seine Argumentation im Spannungsfeld von Reform und Revolution anbelangt, bis 1917, dem Jahr der Oktoberrevolution, als komplementäre Ergänzung Bernsteins – wenn auch aus revolutionärer Perspektive.

---

75 Vgl. Uljanow 1902, S. 154.
76 Bernstein 1898d, S. 558, 560.
77 Bernstein 1898b, S. 395.

2.3 Reform oder Revolution

Sein *passiver Radikalismus* (Bernard Manin) unterstellt einen Politikbegriff, der radikal auf jene Zukünftigkeit ausgerichtet ist, deren reine Erwartung Bernstein so sehr kritisiert hatte. Hinzu kommt noch, dass es Kautsky in keiner Weise darum geht, die Umfeldbedingungen dieser Zukünftigkeit tatsächlich auch herbeizuführen, auch wenn er selbst das ganz anders sieht:

> „Man hat dieser Lehre (gemeint ist der orthodoxe Marxismus der Zweiten Internationale, ML) vorgeworfen, sie führe zum Fatalismus. (...) Wenn es je eine Lehre gab, die mit dem Fatalismus unvereinbar war, so ist es die Marxsche; sie lehrt allerdings, dass die Richtung der gesellschaftlichen Entwicklung nicht willkürlich gesetzt werden könne (...)."[78]

Kautskys politische Strategie stellt auf Grundlage ihrer diagnostischen Selbsteinhegung vielmehr darauf ab, durch gezieltes Unterlassen reformerischer Politik die gegenwärtigen Verhältnisse derart katastrophal zuzuspitzen, dass diese eben in einen revolutionären Befreiungsakt münden, der das Proletariat mitsamt seinen politischen Vertretern an die Macht zu bringen vermag. Diese passive Vorstellung von Politik ist jedoch keinesfalls apathisch, gar tatenlos – zumindest nicht was den Zeitraum nach 1917 anbelangt, in dem sich Kautskys Politikverständnis stark auf dasjenige Bernsteins zu bewegt. Denn mit seiner Unterscheidung der *Diktatur des Proletariats* als *Regierungsform* oder als *Zustand* – wobei Kautsky für sich selbst letztere Option reklamiert – revolutioniert er den Revolutionsbegriff selbst. Letztere ist fortan eben kein Akt politisch motivierter Gewalt mehr, sondern wird in *dematerialisierter* Form zum Indikator einer politisch-kulturellen Disposition des Proletariats, das, nur wenn es *revolutionäres Denken* verinnerlicht hat, auch die bestehenden Verhältnisse erfolgreich würde überwinden können. Kautsky reflektiert demnach also nicht über die spezifische Modernität des gesellschaftlichen Umfeldes sozialistischer Politik, was auch als Indiz für die Selbstbezogenheit insbesondere der orthodox-marxistisch inspirierten Diskursteilnehmer gelten mag. Allerdings gewinnt er zunehmend Abstand von der heuristischen Selbstbeschneidung der marxistischen Orthodoxie und ähnelt in seinen Vorstellungen von politischem Erfolg zunehmend denen Bernsteins, insbesondere in der Zeit nach 1917.

> „Persönliche Demokratie und Diktatur", so Kautsky apodiktisch 1919 und mit Blick auf die Russische sowie die Novemberrevolution, „sind daher miteinander unvereinbar."[79]

---

78 Kautsky zitiert nach Ohne Namen 1946, S. 41.
79 Kautsky 1919b, S. 124.

Durch aktive politische Einmischungen, so Kautsky fortan, würden kurze revolutionäre Sprünge möglich, so dass auch hier die Erreichung gradueller Veränderungen als Indikator für politische Erfolge dient. Legt man die vorgenannten drei Kernkriterien auch an den französischen Diskurs an, dann ergibt sich ein Bild, in dem die Idee der Revolution nicht primär gegenüber der Reform abgegrenzt, sondern vielmehr durch die Vorstellung der Republik ergänzt wird. Jaurès kommt innerhalb des französischen Diskurses dabei die Aufgabe zu, die Idee der Republik auszugestalten, wohingegen sich die Interventionen Blums stark an den von Bernstein etablierten Revisionismus anlehnen.

Nimmt man zunächst wieder den dominierenden Politikbegriff, dann gilt für Jaurès wie für Blum, dass dieser als prozedurale und kontinuierliche Verkettung von einzelnen Phasen von Wandel gedacht und hinsichtlich seiner zeitlichen Veranlagung als unendlich begriffen wird. Bei Jaurès mündet dieser Politikbegriff in ein Verschmelzen von Individuum und Politik:

„Wie kann es funktionieren, dass er (gemeint ist der Bürger, ML) sich für die reformerische Arbeit engagiert und wie kann er dabei gleichsam sein revolutionäres Ideal aufrecht erhalten? (...) Indem er beiträgt zur und interveniert durch die Demokratie (...)."[80]

Indem die Bürger, so die zirkuläre Vorstellung von Jaurès, auf demokratische Art und Weise Politik betreiben, bringen sie gleichsam die Demokratie hervor, in der sie leben. Die Hervorbringung von Demokratie wird damit auf Dauer gestellt und die Möglichkeit eines revolutionären Bruches damit gleichsam negiert.[81] Je harmonischer demokratische Teilhabe und die hierfür erforderlichen Institutionen ineinander greifen, desto moderner ist auch die republikanische Gesellschaft. Die Republik selbst, von Jaurès als normatives Konzept etabliert, avanciert somit zu einem politischen Ideal, in dem eine ständige Pluralität individueller und kollektiver Interessen permanent ausgeglichen, miteinander *versöhnt* wird, um es in der Diktion von Jaurès zu sagen. Moderne Politik kann, wenn sie erfolgreich ist, einen permanenten Interessenausgleich herbeiführen und durch diese dauerhafte Integrationsleistung zur Stabilität einer komplexen Gesellschaft beitragen – was wiederum, gemessen an den Klassenkämpfen des Kapitalismus – eine in der Tat *revolutionäre* Leistung darstellte.

---

80 Jaurès 1908, S. 312.
81 Vgl. zu diesem Aspekt auch Lemke 2006, S. 83–94; vgl. ferner Beer 1918, S. 16: „Nach Jaurès ist die soziale Revolution kein in der Zukunft liegendes Ereignis, kein katastrophaler Zusammenbruch, sondern ein schon jetzt von Tag zu Tag sich vollziehender Prozeß, den die Sozialisten durch ihre Reformtätigkeit im Parlament und durch ihre gewerkschaftliche und genossenschaftliche Tätigkeit leiten und beschleunigen können."

2.3 Reform oder Revolution

Revolution erweist sich damit auch für Jaurès eher als ein Qualitätsurteil mit Blick auf die Beurteilung der Realisierung seines normativen Ideals, also der Republik, denn als eine politisch-strategische Praxisform. Als letztgenannte ist sie nämlich aus seiner Sicht vollkommen untauglich:

> „So ist seit 120 Jahren die Methode, von der Babeuf zuerst Gebrauch gemacht hat und für die Marx und Blanqui die Formel gegeben haben, zur Theorie geworden, die darin besteht, die bürgerlichen Revolutionen zu benutzen, in sie den proletarischen Kommunismus hineinschlüpfen zu lassen, verschiedene Male und in verschiedener Gestalt angewendet oder vorgeschlagen worden. Sie hat sicherlich große Erfolge gezeitigt. (...) *Tatsächlich hat diese Taktik nie zum Ziele geführt* ... (...)."[82]

Anstelle des normativen Ideals der Republik, die – tendenziell eher in kantischer, also in repräsentativ-demokratischer, denn in rousseauscher Manier – auf dem Wege demokratischer Entscheidungsfindung die permanente Versöhnung divergierender Interessen leistet und damit eine finale sozialistische Harmonie, die allerdings dynamisch und nicht teleologisch konzipiert ist, hervorbringt, fokussieren die Überlegungen Blums stärker auf den Teilhabeaspekt von Politik, hier insbesondere auf die Frage der politischen wie legitimatorischen Konsequenzen von Teilhabe. Diese strikte Ausrichtung auf den Teilhabeaspekt politischen Wandels – noch unabhängig von seiner konkreten institutionellen Umsetzung – ermöglicht es Blum, die Begriffe von Evolution und Revolution, von Reform und Wandel noch wesentlich subtiler – kritisch könnte man auch sagen: *verschwommener* – miteinander zu verbinden, sie gleichsam aber beide in ihrer begrifflichen Integrität bestehen zu lassen, als das Jaurès mit seinem Konzept der *évolution révolutionnaire* gelungen war. Politik wird bei Blum idealiter als Prozess beständigen Wandels begriffen – insofern liegt hier also ein evolutionäres Politikverständnis vor – an dem sich, und darin sieht er die zentrale gestalterische Aufgabe der SFIO, zunehmend mehr Bürger aktiv beteiligen können sollen. Durch diese Ausweitung der Beteiligung gewinnen politische Entscheidungen in dem Maße an Legitimität, in dem auch die Zahl derjenigen wächst, die an den Entscheidungen und ihrer Herbeiführung beteiligt waren.

Im mit Blick auf die Flügelkämpfe innerhalb des französischen Sozialismus integrativ angelegten Politikverständnis Blums – wie er es etwa in seiner Rede auf dem Parteitag in Tours zum Ausdruck gebracht hat[83] – fließen zwei sehr unterschiedliche Aspekte des praktischen Vollzugs von sozialem Wandel zusammen. Die Revolution ist für ihn, gerade wenn es darum geht, die Abspaltung des kommunistischen Flügels zu verhindern, in politisch-strategischer Sicht die

---

82 Jaurès, zitiert nach Beer 1918, S. 5.
83 Vgl. Blum 2003.

entscheidende Etappe auf dem Weg von der bestehenden in die künftige Gesellschaftsordnung. Dabei macht es aus Blums Sicht, und insofern relativiert sich seine Offenheit gegenüber der Revolution als tatsächlich gangbarer politischer Strategie, aber wenig Sinn, den *Bruch der Kontinuität* (Blum) vorschnell herbeizuführen, insbesondere dann nicht, wenn die große Mehrheit des Proletariats noch nicht in die alltägliche politische Mitbestimmung eingebunden ist. Letztere, also die politische Mitbestimmung, erweist sich damit angesichts des Abwehrkampfes gegen den Kommunismus, in dem sich Blum befindet, als die eigentliche politische Alternative. Mit anderen Worten: Die Revolution im Übergang von einer zur anderen Gesellschaftsformation macht nur dann Sinn, wenn sie dem Proletariat nicht – wie von Lenin postuliert – *von außen*[84] durch eine geheime Gruppe von Berufsrevolutionären[85] gebracht, sondern vielmehr aus dem Proletariat selbst hervorgebracht wird. Letztere Annahme einer intrinsischen Verankerung der politischen Initiativkompetenz, die Lenin wenig überraschend als *Grundirrtum* und als *grundfalsche Annahme* eines „bürgerlichen Sozialreformismus"[86] abtut, macht den Kern der politischen Qualität sozialistischer Politik aus, wie Blum sie vertritt. Damit wird deutlich, dass sich die politische Strategie Blums, in ihrem Vollzug betrachtet, viel eher als reformatorischer Prozess, denn als Revolution beschreiben lässt. Wenn die Summe der einzelnen Reformschritte letztlich in eine qualitativ andere Gesellschaftsformation mündet, dann ist das vom Ergebnis her revolutionär – die Hervorbringungslogik der neuen Gesellschaft aber, die Strategie des Wandels selbst, ist es nicht.

2.4 Konzeptualisierungen gesellschaftlichen Wandels

Den hier vorgestellten Konzepten gesellschaftlichen Wandels auf der demokratieaffinen Seite des sozialistischen Diskurses, wie er paradigmatisch in Deutschland und Frankreich – einmal aus einer stärker marxistisch orientierten Perspektive und einmal aus einer vom Marxismus weitgehend entlasteten Sicht – zwischen dem Ende der 1890er und dem Beginn der 1920er Jahre entfaltet worden ist, ist gemein, dass sie Wandel als eine potenziell gegen unendlich tendierende Verkettung einzelner Etappen oder Elemente von Veränderungen begreifen. Als grundlegend für das Verständnis dieses auf Permanenz ausgelegten politischen

---

[84] Vgl. Uljanow 1902, S. 211: „Das politische Klassenbewußtsein kann dem Arbeiter nur von außen gebracht werden, d.h. aus einem Bereich außerhalb des ökonomischen Kampfes, außerhalb der Sphäre der Beziehungen zwischen Arbeitern und Unternehmern."
[85] Vgl. Uljanow 1902, etwa S. 238f., ferner S. 254: „Gebt uns eine Organisation von Revolutionären, und wir werden Rußland aus den Angeln heben!"
[86] Uljanow 1902, S. 145.

2.4 Konzeptualisierungen gesellschaftlichen Wandels

Konzepts von Wandel erweist sich der Begriff der *Tendenz*, den etwa Bernstein in den *Voraussetzungen* als komplementären Begriff zu jenem der *Reform* immer wieder anbringt.[87]

Der Begriff der *Tendenz* wiederum verweist auf zweierlei – einmal eben auf die infinite Permanenz von Wandel und darüber hinaus noch auf dessen Langsamkeit beziehungsweise Langfristigkeit, eben auf dessen evolutionäre Veranlagung. *Tendenz* wäre demnach eine Art Gegenbegriff zum abrupten Bruch, zur *rupture radicale*, wäre also etwas, das Günter Grass – mit Blick auf die Kanzlerschaft Willy Brandts – als „Schneckengang" bezeichnet hat:

> „Und was meinste mit Schnecke?
> Die Schnecke, das ist der Fortschritt.
> Und was issen Fortschritt?
> Bisschen schneller sein als die Schnecke...
> und nie ankommen, Kinder."[88]

Hinsichtlich der politischen Konkretisierung des – man könnte auch sagen – *Metadiskurses* über die soziopolitischen Rahmenbedingungen von gesellschaftlichem Wandel, die sich in den Begriffen Demokratie (wobei hier in der institutionellen, gesamtstaatlichen Perspektive und in Anknüpfung an Kant eine repräsentativ verfasste, republikanische Ordnungsform[89] intendiert wird), Reform und Teilhabe manifestiert, lässt sich eine zentrale strategische Gemeinsamkeit erkennen, die in der Vorstellung tendenzieller Veränderung bereits mit angelegt ist. Auf Seiten des demokratischen, des nicht-totalitären Sozialismus ist ein eindeutiges argumentatives Bemühen zu erkennen, einzelne Segmente von Veränderung als in einem wechselseitigen Geflecht pluraler Handlungsstränge eingebettet und also als interdependente Vorgänge zu denken.

Demokratie, Reform und Teilhabe – alle institutionell durch den Rechtsstaat abgesichert und so auf Dauer gestellt – avancieren damit zu strukturellen wie instrumentellen Vorbedingungen der permanenten Weiterentwicklung dieses Geflechts von Wandel. Wandel, der demnach in gesellschaftlichen und folglich auch in politischen Kontexten immer gegeben ist, avanciert so zu einer politischen Grundkategorie sozialistischen Denkens, die ihrerseits auf spezifischen – nämlich den drei oben genannten – Umfeldbedingungen gründet. Grundkategorie meint hier jedoch darüber hinaus auch noch, dass Wandel über das konkrete institutionelle Arrangement seiner Ermöglichung hinausreicht, dass es sich um mehr handelt als *bloß* Demokratie, Reform und Teilhabe. Denn die hier vorlie-

---

87 Vgl. etwa Bernstein 1899a, S. 242ff.
88 Grass 1987, S. 268.
89 Vgl. Kant 1964, S. 206-208; vgl. zur Erläuterung Höffe 2011 und Gerhardt 1995.

gende Vorstellung von Wandel rührt an das ontologische Selbstverständnis des demokratischen Sozialismus heran, insofern – unabhängig von seinen konkreten institutionellen Einbettungen – immer auch die jeweils individuelle Ausgestaltung von Wandel eine Rolle spielt. Wandel ist gelebter Wandel, nicht gemachter, ist Praxisform und eben nicht bloß technischer Vollzug von Veränderung.

Dieses ontologische Selbstverständnis erweist sich bei genauerem Hinsehen als paradox veranlagt. Denn die Ontologie selbst erscheint durch die gezielte Betonung einer politisch-konzeptuellen Fluidität oder Tendenz als strikt deontologisch ausgerichtet. Ermöglicht wird diese Integration von Widersprüchen, also von Festlegung und Nicht-Festlegung, durch die Differenzierung verschiedener Anspruchsniveaus. Während die Verlagerung der politisch determinierenden Strukturelemente auf eine funktionale beziehungsweise auf eine institutionelle Ebene erfolgt, die zwar ein spezifisches Arrangement des politischen Vollzugsraumes festschreibt, nicht jedoch einen Anspruch auf dessen konkrete oder teleologische Ausgestaltung erhebt, wird der so geschaffene politische Vollzugsraum überhaupt erst etabliert und grundsätzlich zur Gestaltung freigegeben. Demokratie, Reform und Teilhabe erweisen sich damit als Ermöglichungsformen von Fluidität und Kontingenz in einem politischen Umfeld, das seinerseits zwar nicht beliebig, jedoch aushandelbar und ausgestaltbar wird.

In Anlehnung an den von Chantal Mouffe entworfenen Begriff des „agonistischen Konfliktes"[90], der eine demokratisch eingehegte Gegnerschaft im Austrag von Konflikten gerade im Unterschied zur nicht mehr eingehegten Feindschaft bezeichnet, lässt sich eine deutliche Nähe zur strategischen Ausrichtung des demokratischen Sozialismus feststellen:

„Das Modell der Gegnerschaft", so schreibt Mouffe, „ist als für die Demokratie konstitutiv anzusehen, weil es demokratischer Politik die Umwandlung von Antagonismus in Agonismus erlaubt. Mit anderen Worten: Es hilft uns, Möglichkeiten anzuvisieren, wie die Dimension des Antagonismus ‚gezähmt', wie mit Hilfe der Errichtung von Institutionen und formellen Rechtsgrundlagen der potenzielle Antagonismus in agonistischer Weise ausgetragen werden kann."[91]

In Anknüpfung an diese Konzeption der Demokratie als *Zivilisierungsmaschinerie für Konflikte* zeigt sich, dass die historischen Konzepte des demokratischen Sozialismus genau auf jene Einhegung des politischen Konfliktes abzielen, die den Gegner in den Anderen überführen, indem sie ihn in Strukturen beziehungsweise Institutionen einbetten und ihm eine Vollzugsform für seine Andersartigkeit anbieten.

---

90 Mouffe 2007, S. 30.
91 Mouffe 2007, S. 30.

2.4 Konzeptualisierungen gesellschaftlichen Wandels

Dass dieses Angebot wiederum keine Selbstverständlichkeit, mithin schon gar keinen „Traum von einer versöhnten Welt"[92] darstellt und ihrerseits Anfeindungen ausgesetzt sein kann, versteht sich von selbst. Weit ab von jeglicher politischen Naivität behauptet der demokratische Sozialismus jedoch weder die Aufhebung aller Antagonismen, noch das Ende jeglicher hegemonialer Deutungsansprüche. Vielmehr formuliert er unter Rückgriff auf die liberale Demokratietradition ein Angebot, das politische handhabbare Gestaltungsoptionen für die Integration von Fluidität und Kontingenz eröffnet und dabei gleichzeitig die Grenzen jedweder eindimensionalen Fixierung des Politischen aufzeigt.

---

92 Mouffe 2007, S. 170.

3 Der Mensch im Wandel

Das folgende Kapitel rekonstruiert – aufbauend auf dem vorangegangenen *Metadiskurs* über die soziopolitischen Rahmenbedingungen von Wandel – das Bild des Menschen als politisch befähigtem Akteur, insofern dieser im Diskurs über gesellschaftliche Transformationsermöglichungen selbst als Träger dieses Wandels entworfen wird. Dieser politisch befähigte Mensch erscheint dabei als Träger von Rechten – ohne dass jedoch damit gleich eine dezidierte Rechtsstaatskonzeption mit entwickelt würde – und unterscheidet sich dadurch fundamental vom bolschewistischen Entwurf. Denn dieser betrachtet den Menschen wiederum als integralen Bestandteil seiner Klasse, also als *Verfügungsmasse* (Elias Canetti). Dieser Zugriff erweist sich als hochgradig ambivalent, da der Mensch so einerseits als Angehöriger einer Elite gilt, die einen als historisch notwendig postulierten Wandel tatsächlich zu gestalten vermag, der andererseits jedoch gleichzeitig Subjekt jener Elite und damit dem Vollzug von Wandel ausgeliefert ist. Dieses schizophrene Bild des Menschen als Gestalter und Subjekt des *politisch Notwendigen* wird vom demokratischen Sozialismus eindeutig und nachhaltig zugunsten eines emanzipierten, also primär gestaltend tätigen Individuums verworfen.

Die Kapitelüberschrift *Der Mensch im Wandel* meint damit also immer zwei Dimensionen wandlungsbezogener Anthropologie. Es geht einmal – mit Blick auf das vorangegangene Kapitel könnte es durchaus heißen: schon wieder – um die Umfeldbedingungen menschlichen Handelns, also um die Frage, wie eine Umwelt beschaffen sein muss, damit sie Handeln ermöglicht, damit sie Handeln in seiner ganzen Fluidität und Breite trägt und fördert – jedoch nicht einschränkt oder vereitelt. Neben diesen Umfeldbedingungen meint sie jedoch immer auch die intrinsische Dimension der *Befähigung zum Wandel*, die die Ausstattung des Menschen mit denjenigen Kompetenzen thematisiert, die zur Gestaltung von Politik im Allgemeinen und von Wandel im Besonderen als erforderlich erachtet werden. Erst die notwendige Zusammenschau dieser beiden Dimensionen wandlungsbezogener Anthropologie ergibt in der Summe das Bild eines institutionell wie intrinsisch zu demokratischem – oder aber eben zu totalitärem – Wandel fähigen Menschen.

Die Bedeutung des Individuums, die Bedeutung des einzelnen Menschen für das nicht-totalitäre Konzept von Wandel lässt sich anhand der kommunistischen – und ließe sich genauso gut anhand der nationalsozialistischen – Akteurskonzeption *ex negativo* illustrieren. Der einzelne Mensch ist dort nur insofern relevant, als dass er funktionaler und affirmativ angelegter Teil eines übergeordneten Ganzen ist. Genau genommen ist der einzelne Mensch, als jederzeit ersetzbarer Teil der Masse, politisch bedeutungslos. Wenn aber der Mensch beliebig und noch dazu unkritisch in der Homogenität von Klasse oder Rasse aufgeht, dann steht nicht mehr die jeweils einzigartige Individualität als schützenswerter Tatbestand im Vordergrund. Der Mensch ist dann nur noch insofern politisch und mit Blick auf den gesellschaftlichen Wandel von Interesse, als dass er sich den der Klasse oder der Rasse qua Ideologie und Terror aufgezwungenen Wandlungskonzepten fügt beziehungsweise diese nach Anleitung umsetzt. Der Mensch hat hier zwar einen funktionalen, jedoch keinen Selbstwert.

Vor diesem Hintergrund lehnt die Argumentation des demokratischen Sozialismus ein Menschenbild ab, in welchem der konkrete, selbstbewusste Einzelne zugunsten eines amorphen Kollektivakteurs aus dem Blick gerät. Denn mit der Aufgabe des Individuums zugunsten eines Kollektivakteurs – wie Klasse oder Rasse – verschwinden gleichsam jene Pluralität und Differenz, verschwindet jene Komplexität der gesellschaftlichen Verhältnisse, die erst spontane, kreative Entwicklungen plausibel erscheinen lässt. Gerade aber Kreativität und Spontaneität sind es, die wiederum politische Gestaltung im Sinne einer permanenten, konflikthaften und von ihrem Ergebnis her offenen Aushandlung und Entscheidungsfindung überhaupt erst erforderlich machen. Ohne diese permanente Offenheit[93] von Entscheidungsprozessen bräuchte das, was ohne vorgegebene Teleologie die politische Sphäre darstellt, nur verwaltet zu werden – Politik wäre dann durch Bürokratie, durch bloßen Vollzug von Macht ersetzt. Dem entgegen gilt es also zu fragen, was – mit Blick auf einen offenen, permanenten Wandlungsbegriff angesichts hochkomplexer Gesellschaftsgefüge – den argumentativen Wert der politischen Qualität des Menschen ausmacht.

3.1 Individualität

Das Individuum, der politisch qualifizierte beziehungsweise noch zu qualifizierende, zu befähigende Bürger erweist sich als die kleinste politische Einheit des demokratischen Sozialismus, für dessen Politikverständnis sich permanente Ent-

---

93 Wobei damit nicht gesagt ist, dass nicht gewisse Entscheidungshintergründe konkrete Entscheidungen zugunsten anderer Alternativen bevorzugen könnten. Eine solche Pfadabhängigkeit drückt aber lediglich eine erwartbare Tendenz hinsichtlich des Eintretens bestimmter Entscheidungen aus. Alternative Entscheidungen sind jederzeit möglich, nur nicht im gleichen Maße erwartbar, wie pfadabhängig plausiblere Entscheidungen es sind.

3.1 Individualität

scheidungs- und Aushandlungsprozesse angesichts divergierender Interessen als konstitutiv erwiesen haben. Subjektiv verortetes, selbstbewusstes Handeln – und als Vorbedingung die Befähigung zu solchem Handeln – avanciert damit zur zentralen Determinanten für die Gestaltung der politischen Sphäre. Sozialistische Politik, wenn sie sich als demokratisch-sozialistisch begreift, erweist sich somit als handlungstheoretisch akzentuierte Strategie politischen Wandels, als *Politik des Bürgers*: „Nichts steht über dem Individuum."[94] Entgegen der orthodoxen marxistischen Theoreme mitsamt ihrer durchgängigen Betonung der Objektivität gesellschaftlicher Umfeldbedingungen, besonders im historischen Materialismus, kann für den demokratischen Sozialismus in der Auseinandersetzung mit dem Kommunismus bolschewistischer Prägung eine nachhaltige argumentative *Renaissance des Individuums* festgestellt werden. Mit dieser Aufwertung des Individuums zum zentralen, politisch entscheidenden Akteur einher geht die Umdeutung des Politischen zu einer intersubjektiven Handlungssphäre, die durch die unbegrenzte Anzahl möglicher Interaktionen zu einer hochgradig komplexen Umwelt wird, in der – wie etwa Hannah Arendt dies in ihren Schriften vertreten hat – Pluralität und Differenz als zentrale Eigenschaften des Politischen hervortreten.[95] Diese hochgradig komplexe Umwelt wiederum, die ja gerade die besondere Qualität der politischen Sphäre ausmacht, wird sich von außen, so die Konsequenz, die gerade der bolschewistischen Idee der revolutionären Avantgarde von Berufsrevolutionären entgegensteht, nicht mehr intentional beeinflussen und auch nicht mehr politisch steuern lassen. Jenseits einer so beschaffenen politischen Sphäre, also jenseits von Pluralität und Differenz sowie jenseits der daraus resultierenden Komplexität existiert keine Politik.

Die Argumentationen des demokratischen Sozialismus – auf deutscher wie auf französischer Seite – bejahen die Existenz und die Interventionsfähigkeit des politisch qualifizierten Akteurs und öffnen sich damit jenen von Arendt geforderten Qualitäten der Politik – also Pluralität und Differenz – die wiederum dem Bürger eine qualifizierte Freiheit im Sinne einer selbstbewussten Gestaltung des eigenen Lebens in Gemeinschaft abverlangen.[96] Politik, die auf dem selbstbewussten Individuum als politisch qualifiziertem Akteur gründet, erweist sich notwendig als antiteleologische und antistatische Alternative zur politischen Heuristik von Idealismus und Materialismus, die ihrerseits aus ihrer je eigenen Logik nicht aus der Perspektive des Individuums, sondern immer für das, anstel-

---

94 Jaurès 1927a, S. 1116.
95 Vgl. Arendt 1993, S. 9: „Politik beruht auf der Tatsache der Pluralität der Menschen."; vgl. hierzu kommentierend etwa Lietzmann 2002, S. 309f., sowie Greven 1993, S. 69–96.
96 Vgl. zum Zusammenspiel von Sozialismus und Pluralismus Hamon 1976.

le des Individuums und somit: über den Bürger hinweg argumentiert und dessen Handlungsfreiheit somit teleologisch eingeengt hatten.[97]

Betrachtet man zunächst die entsprechenden argumentativen Entwicklungsschritte auf deutscher Seite, dann kann die eigentliche Bedeutung des Revisionismus Bernsteins, also seiner *politischen Theorie der Reform* (Sven Papcke), für die politische Emanzipation des Individuums gar nicht hoch genug eingeschätzt werden. Zwar war spätestens auf dem Parteitag in Dresden von 1903 die offizielle politische Linie der Partei auf Initiative Kautskys und entsprechend der hegemonialen ideologischen Tendenzen innerhalb der *Zweiten Internationale* orthodox-marxistisch ausgerichtet worden, was einer gravierenden politischen Niederlage Bernsteins gleichkam und auch die Freundschaft zu Kautsky auf lange Sicht hin erheblich belastete. Und dennoch hatte Bernstein mit seiner Kritik am teleologischen Wandlungsbegriff des Marxismus den – wenn auch zunächst lange wieder verschütteten – Grundstein für die Öffnung der deutschen Sozialdemokratie hin zum politischen Liberalismus mitsamt seinem individuellen Akteursverständnis gelegt. Bis dahin hatte die deutsche Sozialdemokratie, wie Bernstein in einem Brief an Kautsky beklagte, „ein bisschen zu sehr dogmatisiert u(nd) auf Rechnung der Vorzüglichkeit gewisser Formeln der Theorie gesetzt"[98], was die Reichweite ihrer politischen Diagnosefähigkeit erheblich eingeschränkt hat. Mit seiner ab 1896 begonnenen Intervention zur Revision des Marxismus in der *Neuen Zeit* hatte Bernstein, so kann diese Leistung rückblickend beurteilt werden, der deutschen Sozialdemokratie als parlamentarisch verankerter Partei auf lange Sicht – man denke an den Parteitag in Bonn Bad-Godesberg von 1959, wo Carlo Schmid bemerkte, nun habe „Bernstein auf ganzer Linie gewonnen"[99] – einige liberal-demokratische Akzentuierungen ihrer politischen Position an die Hand gegeben. Anhand dieser Akzentuierungen, die als komplementäre Inhalte zur sozialistischen Grundausrichtung verstanden werden können, vermochte sich die SPD den Weg hin zur parlamentarischen Demokratie und damit: zur Bejahung innersystemischen Wandels in bewusster Abkehr zur Vorstellung revolutionärer *Herstellungsgewalt* (Papcke) nachhaltig zu erschließen.[100]

Einen nicht unbeträchtlichen Teil seines späten, dafür umso nachhaltigeren politischen Erfolges im Rahmen des *Tourniers gegen den Parteidoktrinarismus*

---

97 Zur politischen Heuristik und den daraus resultierenden konzeptionellen Konsequenzen bei Hegel und Marx vgl. Popper 1970, S. 47–64 und 125–138.
98 Bernstein 1898e, S. 701.
99 Schmid zitiert nach Miller 2004.
100 Wobei diese Geschichte der Durchsetzung der revisionistischen Umakzentuierung der deutschen Sozialdemokratie auch als ein Beispiel dafür gelesen werden kann, dass gegenhegemoniale Strategien, insbesondere wenn sie sich in einer Mittlerposition zwischen der bisherigen hegemonialen Ideologie und einer neuen, praktisch-politisch plausibilisierbaren Alternativposition befinden, mittel- und langfristig erfolgreich sein können.

3.1 Individualität

(Bernstein[101]) verdankt Bernstein dabei seiner politischen Anthropologie, die nicht auf einem bipolaren Klassengegensatz, sondern vielmehr auf einer wesentlich komplexer konzipierten Pluralität interagierender Individuen gründet. Damit befindet er sich, ähnlich wie Jaurès auf französischer Seite, in der Tradition des politischen Liberalismus, dessen Politikverständnis auf dem politisch aktiven, seine Interessen artikulierenden Bürger ruht.[102] Und dementsprechend vehement vertritt Bernstein eine politische Agenda der politischen Individualisierung, die aus einer Perspektive radikaler Ablehnung kollektiver Massendynamiken in der Politik dann so klingt:

„Der Haufen, die zusammengelaufene Menge, das ‚Volk auf der Straße' ist soweit eine Potenz, die alles sein kann, revolutionär und reaktionär, heroisch und feige, human und bestialisch, in der Mehrheit der Fälle aber eher zum Zerstören als zum Schaffen angelegt (...). (...) Wir mögen sie achten, aber wenn wir sie anbeten, dann wollen wir doch lieber gleich Feueranbeter werden."[103]

In den *Voraussetzungen* formuliert Bernstein seine genuin liberale, genau genommen sogar republikanische Haltung, aus der heraus sich Individualität und Kollektiv, aus der heraus sich also Demokratie und Sozialismus vereint denken lassen, wie folgt:

„Was ist Demokratie? (...) In dem Begriff Demokratie liegt eben für die heutige Auffassung eine Rechtsvorstellung eingeschlossen: *die Gleichberechtigung aller Angehörigen des Gemeinwesens*, und an ihr findet die Herrschaft der Mehrheit (...) ihre Grenze. Je mehr sie eingebürgert ist und das allgemeine Bewußtsein beherrscht, um so mehr wird Demokratie gleichbedeutend mit dem höchstmöglichen Grad von Freiheit für alle. (...) Die Demokratie ist Mittel und Zweck zugleich. Sie ist das Mittel der Erkämpfung des Sozialismus, und sie ist die Form der Verwirklichung des Sozialismus."[104]

---

101 Vgl. Bernstein 1899b.
102 Vgl. hier grundsätzlich Locke 1998, §87, bei dem von den politisch engagierten, Steuern zahlenden Bürgern der eigentliche Impuls für die Überwindung des Naturzustandes hin zur bürgerlichen Gesellschaft ausgeht: „Da aber keine politische Gesellschaft bestehen kann, ohne daß es in ihr eine Gewalt gibt, das Eigentum zu schützen und zu diesem Zweck die Übertretungen aller, die dieser Gesellschaft angehören, zu bestrafen, so gibt es nur dort eine politische Gesellschaft, wo jedes einzelne ihrer Mitglieder seine natürliche Gewalt aufgegeben und zugunsten der Gemeinschaft (...) darauf verzichtet hat (...)."
103 Bernstein 1897d, S. 237; vgl. hierzu analog auch Bernstein 1898d, S. 558: „Freilich, daran kann ich nichts ändern, daß die Arbeiterbewegung, wie wir sie heute in Deutschland haben als organisirte Arbeiterdemokratie, mir auf lange hinaus sehr viel hoffnungsvoller erscheint wie die ‚revolutionäre Diktatur des Proletariats'." Zu diesem Zusammenhang wiederum kritisch Kautsky, Karl 1898, S. 550f.
104 Bernstein 1899a, S.176–178, Hervorhebung im Original.

Das, was Bernstein hier als die „Form der Verwirklichung des Sozialismus" bezeichnet, und womit er die Demokratie meint, gründet auf der Vorstellung der intrinsisch motivierten, aktiven Einbindung eines jeden Bürgers in eine durch rechtsstaatliche Bedingungen abgesicherte Sphäre der Politik. Der politisch qualifizierte Bürger wird so zum „Teilhaber am Gemeinwesen"[105], dessen Gestaltung ihm obliegt. Diese Feststellung ist so bedeutsam, weil mit ihr eine radikale Abkehr vom Klassenakteur sowie vom Vollzug von Geschichte im Rahmen teleologischer Notwendigkeiten vollzogen wird. Stattdessen wird der Bürger – der als Individuum immer im Sinne eines Pluralbegriffes konzipiert ist – zum Ausgangspunkt der Gestaltung von Politik, die sich ihrerseits wiederum als ein kontroverser, als ein aushandlungsbedürftiger Ort erweist. Dabei ist sie jedoch nicht anarchisch oder gar chaotisch veranlagt, sondern durch die wechselseitige Zuerkennung von Rechten in ihrem praktischen Vollzug eingehegt. Erst dadurch, dass sich die Individuen als politisch initiative Akteure wechselseitig Rechte zubilligen, verschaffen sie sich gleichsam die Freiräume, die sie für die permanente Aushandlung und die Durchsetzung praktischer Gestaltungsansprüche auch benötigen.

Diese Konzeption des Politischen, die den politisch qualifizierten und politisch handelnden Bürger in den Mittelpunkt ihres immanenten, gegenwärtigen Gestaltungsauftrages rückt bliebe indes unvollständig, wenn sie nicht wiederum nach den Voraussetzungen für die Hervorbringung ihrer als zentral angenommenen Initiativkraft fragte. Mit anderen Worten: Wie ermöglicht man das Entstehen beziehungsweise das Nachwachsen einer aktiven Bürgerschaft? Mit Blick auf die für die politische Qualifikation erforderlichen „Emanzipationsbestrebungen der arbeitenden Klasse"[106] und die damit einhergehenden Erfolgsaussichten des politischen Kampfes der Sozialdemokratie stellt Bernstein fest, dass

> „von dem Wachstum des gesellschaftlichen Reichtums beziehungsweise der gesellschaftlichen Produktivkräfte in Verbindung mit dem allgemeinen sozialen Fortschritt, insbesondere der intellektuellen und moralischen Reife der Arbeiterklasse"[107]

die tatsächliche Realisierung konstruktiver Gestaltungspotenziale in besonderem Maße abhängt. Damit rückt Bernstein gezielt ‚weiche' Faktoren aus dem Sozial- und Bildungsbereich ins Zentrum seiner politischen Strategie, deren Umsetzung noch dazu nicht von oben dekretiert, sondern die nur durch Zustimmung und individuell verortete Investition von Zeiteinheiten durch die Bildungsbetroffenen

---
105 Bernstein 1899a, S. 180.
106 Bernstein 1899a, S. 244.
107 Bernstein 1899a, S. 246, im Original alles hervorgehoben.

3.1 Individualität

selbst erreicht werden kann. Neben dem Prinzip individueller politischer Verantwortung ruht Bernsteins Anthropologie dementsprechend auf der Vorstellung einer willentlichen Selbstbefähigung der Bürger, die ihrerseits eine strikt subjektivistische Verortung der Perzeption von Wirklichkeit beinhaltet. Ein holistischer Weltentwurf, so die Konsequenz, erweist sich für einen nur jeweils subjektiv wahrnehmbaren Interaktionszusammenhang von Rechtssubjekten als kaum plausibel.

In all diesen Punkten ist Bernstein – was die innere Dynamik des deutschen Teils der Debatte um die Vereinbarkeit von Demokratie und Wandel anbelangt – bei Kautsky bis zum Ausbruch der Russischen Revolution auf wenig Verständnis gestoßen. Die Ursache für diesen politischen Abgrund, wie er sich zwischen Bernstein und Kautsky im Zeitraum zwischen 1899 und 1917 aufgetan hatte, lag in den vollkommen unterschiedlichen Beobachtungsstandpunkten, die beide eingenommen hatten. Während Bernstein sich zunehmend von der teleologischen Einhegung des historischen Materialismus befreit hatte, gründete Kautskys Geschichts- und Gegenwartsdiagnose auf der Annahme einer sich notwendig vollziehenden ökonomischen und damit einhergehend sozialen Entwicklung der Gesellschaft. In einem erstmals 1891, in Zusammenarbeit mit Bruno Schönlank herausgegeben Kommentar zum *Erfurter Programm* verdeutlicht Kautsky – wenngleich auch in leicht polemischem Duktus – die Verortung seiner Sozial- und Geschichtshermeneutik, die eindeutig dem marxistisch-orthodoxen Ideal der *Zweiten Internationale* verhaftet bleibt:

„Das Ziel der Sozialdemokratie ist nicht ein willkürlich gesetztes, nicht das Ergebnis frommer Wünsche und ausschweifender Träumereien, wie man gerne behauptet. Ihr Ziel ist das von ihren Denkern erkannte Endziel der vor unseren Augen vor sich gehenden ökonomischen Entwicklung."[108]

Und weiter:

„Die Aufgabe der Sozialdemokratie ist es nicht, der Entwicklung ihren Weg vorzuschreiben; sie hat nur die Hindernisse der Entwicklung zu beseitigen; sie hat die Bahn frei zu machen für die Entwicklung der sozialistischen Gesellschaft, sie hat nicht diese künstlich zu fabrizieren. Das Proletariat aber wird der Hebel sein, der die Gesellschaft aus den Angeln hebt (...).“[109]

An dieser Sozial- und Geschichtshermeneutik, wie Kautsky sie hier vertritt, erweisen sich – verglichen mit dem von Bernstein und mit Blick auf die Freiheits-

---

108 Kautsky / Schönlank o.J., S. 25.
109 Kautsky / Schönlank o.J., S. 26.

kompetenz des demokratischen Sozialismus – gleich drei Dinge als problematisch. Das ist einerseits die strikte teleologische beziehungsweise Endzielausrichtung seines Politikentwurfs, die – zweitens – über eine materialistische und also dem handelnden Akteur exogene Kasuistik von Wandel begründet wird und das ist schließlich die rein reaktive Konzeption des Proletariats, noch dazu als Kollektivakteur, wie die Metapher des ‚Hebels' suggeriert, als der das Proletariat hier vorgestellt wird. Angesichts dieser Beobachtungsperspektive erscheint es als evident, warum Kautsky die individualistische Anthropologie Bernsteins nicht zu teilen vermag.

Dieser Befund beginnt sich erst langsam zu ändern, als Kautsky in der Folge der Oktoberrevolution von 1917 und in Auseinandersetzung mit der in die politische Praxis eintretenden kommunistischen Erzwingungsgewalt gesellschaftlichen Wandels[110], mehr und mehr explizit auf demokratische Praktiken eingeht, auch wenn er bei ihrer Präsentation eine gewisse, politisch nicht einmal harmlose marxistische Patina[111] kaum zu verbergen vermag. In *Die proletarische Revolution und ihr Programm* schreibt Kautsky über den erst durch die Demokratie ermöglichten „friedlichen Charakter der proletarischen Revolution"[112] noch etwas zögerlich:

> „Es ist klar", so Kautsky, „daß wir unter dem Einfluß der Demokratie vor allem dahin kommen, daß die Massen sich organisieren zu bestimmten politischen oder ökonomischen Zwecken. Daß sie in diesen Organisationen in ständiger Fühlung miteinander bleiben, Erfahrungen sammeln und ihre begabtesten und erprobtesten Kameraden zu ihren Führern machen."[113]

Trotzdem an dieser – wie auch an anderen Stellen – gewisse Reminiszenzen an die Vorstellung eine politischen Klassenakteurs genau so durchscheinen, wie die – vorsichtig formuliert – Zukunftszuversicht einer marxistisch fundierten Gegenwartsdiagnostik, so wird Kautsky doch an die individualistische Anthropologie Bernsteins anschlussfähig. Denn auch Kautsky beginnt, langfristige Lern- und Teilhabeprozesse des Proletariats – und damit implizit: jedes einzelnen Proletariers – als Grundbedingung für den späteren Erfolg politischer Gestaltungsabsichten zu begreifen. Die Demokratie, die hier noch recht instrumentell vereinnahmend und nicht etwa von ihrem politischen Eigenwert der Etablierung einer offenen, anschlussfähigen politischen Sphäre betrachtet wird, erfordert und fördert eine teilnehmende politische Kultur, die, wenn sie erlernt wird, über die

---

110 Vgl. etwa die Selbstbeschreibung dieser Auseinandersetzung in Kautsky 1922, S. 75–77.
111 Vgl. exemplarisch Kautsky 1922, S. 89: „Die Marxsche Lehre hat zwei Seiten. Auf der einen zeigt sie die Gewißheit des proletarischen Sieges."
112 Kautsky 1922, S. 81.
113 Kautsky 1922, S. 77.

3.1 Individualität

Zuerkennung des allgemeinen Wahlrechts noch dazu das teilnehmende Individuum mit Rechten ausstattet. Und auch wenn Kautsky also bei der Entdogmatisierung der sozialistischen Diagnostik nicht so weit zu gehen vermag wie Bernstein, so ist doch – nach 1917 – eine tendenzielle und implizite Loslösung von der Kollektivvorstellung des Proletariats als politischem Akteur erkennbar.

Als ähnlich bedeutsam, wie die Intervention Bernsteins für den deutschen Diskurs, kann in Frankreich die Eröffnung des sozialistischen Diskurses in Richtung Humanismus und Republikanismus betrachtet werden, wie Jean Jaurès sie ermöglicht hat.[114] Sein apodiktisches „nichts steht über dem Individuum"[115] beinhaltet also eine überaus relevante, programmatische Setzung für den gemäßigten, für den organisierten demokratischen Sozialismus in Frankreich. Inwiefern diese Sicht zutrifft, verdeutlichen die folgenden Passagen aus den *Sozialistischen Studien*:

> „Wenn das Proletariat erwartete, daß seine Befreiung, das heißt: wenn die Verwandlung der bürgerlichen Gesellschaft in eine sozialistische von irgendeiner neutralen, willkürlichen, über alle Interessengegensätze schwebende Macht vollzogen würde, dann würde es die Verteidigung seiner Interessen nicht selbst in die Hand nehmen."[116]

Und weiter, an anderer Stelle:

> „Diejenigen Sozialisten von heute, die noch von der ‚unpersönlichen Diktatur des Proletariats' sprechen oder die an eine plötzliche Besitzergreifung der Macht und eine Vergewaltigung der Demokratie denken, machen einen Rückschritt bis in die Zeiten zurück, da das Proletariat noch schwach war und zu solchen künstlichen Siegesmitteln greifen mußte."[117]

Und schließlich:

> Das Proletariat „will aus eigener Kraft und im Namen der eigenen Idee auf die Demokratie wirken. (...) Es hat seine eigene Organisation, seine eigene Macht."[118]

Was Jaurès hier auf unterschiedliche Art und Weise ausdrückt ist die auf die individuell verortete politische Initiativkraft des Proletariats gegründete Gestaltungsmacht der – französischen – Arbeiterschaft. Was damit also aufscheint ist

---

114 Vgl. hierzu einführend Fetscher 1972, S. 62–80.
115 Jaurès 1927a, S. 1116.
116 Jaurès 1912, S. 17.
117 Jaurès 1912, S. 25.
118 Jaurès 1912, S. 29.

jene Vorstellung einer „dynamischen Natur des Menschen"[119], die sich im Text in Begriffen wie *Macht* oder *Kraft* und implizit auch im Begriff des *Willens* manifestiert, und die mit Blick auf den Primat politischer Zielerreichung den Menschen zur eigentlichen Quelle des Politischen erhebt. „Gegen den objektivistischen Reduktionismus", so Dieter Groh in strikt marxistischer Terminologie, „betonte Jaurès den objektiven Faktor Subjektivität."[120] Und das in doppeltem Sinne: Denn zum einen wird der handelnde – und im Sinne Hannah Arendts könnte man ergänzen: der in Interaktion mit anderen handelnde Mensch als selbstbestimmter Schöpfer seiner eigenen Handlungsperspektiven konzipiert; zum anderen ist er auch allein dafür verantwortlich, diese selbst gesteckten Ziele zu erreichen, wenn sie ihm nicht bloß passieren, oder schlimmstenfalls völlig entgleiten sollen. Der politisch qualifizierte Mensch ist in diesem Sinne Initiativ- und Exekutivakteur in einem: „der Mensch", so formuliert Jaurès, „ist kein Instrument, sondern findet seine Bestimmung in sich selbst".[121] Jaurès hatte diesem Sachverhalt mit Blick auf den deutschen Sozialismus bereits im ersten Satz seiner lateinischen Dissertation einen gewissen Nachdruck verliehen, als er – wenn vielleicht auch etwas lakonisch – anmerkte, dass dieser bekanntlich „keine rein kontemplative Philosophie"[122] darstelle. Und weiter schreibt er:

> „Der Begriff Freiheit wird nicht als abstrakte Möglichkeit einer Wahl zwischen Gegensätzen, die jeder Bürger individuell auf Grund einer hypothetischen Unabhängigkeit treffen kann, sondern als echte Grundlage der Gleichheit der Menschen und ihrer Gemeinschaft definiert. Diese Philosophie verfolgt kein leeres Phantom, keine leere Vorstellung einer von der Welt und der natürlichen Ordnung der Dinge getrennten Gerechtigkeit; sie fordert eine materielle Gerechtigkeit, inmitten und auf der Grundlage dieser Dinge."[123]

Wenn es dem Sozialismus also tatsächlich um praktische, um *echte Freiheit* geht – und diese Freiheit ist, wie Jaurès schreibt, eben konkret und nicht abstrakt – die noch dazu auf einer Pluralität von Individualitäten gründet, dann ist damit die Diskussion über die Vorherrschaft von Kollektivität oder Individualität hinfällig. Kollektivität basiert aus dieser Perspektive auf einer Pluralität von Individuen und ist demnach eine abgeleitete Größe. Und so stellt sich also die Frage, wie diese multiple soziale Formation einer pluralistischen Menge überhaupt noch hinreichend verbindlich zu einem gemeinsamen, verbindlichen Staatsgefüge integriert werden kann.

---

119 Goldmann 1974, S. 9.
120 Groh 1989, S. 17.
121 Jaurès 1974, S. 54.
122 Jaurès 1974, S. 23.
123 Jaurès 1974, S. 23.

3.1 Individualität

Diesen entscheidenden argumentativen Schritt, der Individualismus und Sozialismus miteinander versöhnt[124], unternimmt Jaurès mit Blick auf jenen „überlebensgroßen Kant"[125], dessen politische Philosophie er unter dem Begriff *Kollektivismus* rubriziert. Die Versöhnung zweier auf den ersten Blick so unterschiedlicher Logiken wie *Kollektivität* und *Individualität* wird möglich, weil Jaurès mit Johann Gottlieb Fichte die Einschätzung teilt, wonach Individualität als unendlich kleine Teilmenge von Kollektivität in ihrem beliebig ausgestaltbaren, praktischen Vollzug sich in einer „offensichtlich leeren Rechtslandschaft"[126] zu verirren droht. Um diesem potenziellen Chaos radikaler Pluralität vorzubeugen bedarf es einhegender Strukturen, die die amorphe, die kreative Handlungsrealität der Individuen kanalisieren. Eine solche einhegende Struktur ist die des Staates, der funktional als Rechtsgarant bestimmt wird: „Der Staat ist so etwas wie die Quelle, aus der das Recht ... seine Kraft erhält."[127] Dieser Staat – im Sinne einer Republik – tritt hier auf als ein dauerhaftes Angebot zur Strukturierung von Realität, die wiederum für die freie Entfaltung von Individualität jenseits von Angst und Zwang unabdingbar ist. Als eine Gesellschaftlichkeit konstituierende Leistung, die die Zwecke und Ziele dieser Gesellschaft jedoch nicht determiniert, muss der Staat insofern als *geschlossen* vorgestellt werden, als dass mit seinem Angebot ein Anspruch – nämlich der nach Rechtsstaatlichkeit, hierauf wird im folgenden Kapitel noch näher einzugehen sein – verbunden ist, dessen Umsetzung nur dann Sinn macht, wenn nicht parallel weiter Unrecht besteht. Die Schließung des Staates, wie Johann Gottlieb Fichte sie in seinem Modell des *Geschloßnen Handelsstaats* gefordert hat, verweist somit also auf den Anspruch globaler, nicht bloß partieller Rechtsstaatlichkeit. In diesem Staat jedenfalls trennt Fichte

> „(...) die wirtschaftliche Freiheit nicht von der politischen, ja er unterstreicht die Unmöglichkeit echter Handlungsfreiheit ohne ausreichendes Vermögen. Der gleiche Staat, der die Freiheit seiner Bürger schützt, muß ihnen auch einen bestimmten Vermögensanteil gewähren. Aber einen gewissen Besitz kann der Staat ohne eine Regelung der Arbeits- und Handelsverhältnisse nicht garantieren. Somit entwickeln sich aus dem Gesellschaftsvertrag und dem Schutz der Freiheit des einzelnen notwendig Sozialismus und Kollektivismus."[128]

---

124 Vgl. hinsichtlich dieser Formulierung Jaurès 1974, S. 61. Mit Blick auf die „sozialistischen Keime" im Denken von Kant, der sowohl die politischen wie auch die ökonomischen Rechte der Individuen durch den Gesellschaftsvertrag festlegt, schreibt Jaurès: „So werden ‚Individualismus' und Sozialismus nicht als Gegensätze gewendet, sondern miteinander versöhnt."
125 Jaurès 1974, S. 61.
126 Jaurès 1974, S. 66.
127 Jaurès 1974, S. 66.
128 Jaurès 1974, S. 64.

Nachdem am 31.8.1914 gegen zwanzig vor zehn jene zwei Schüsse verhallt waren, die Jaurès tödlich verletzten[129], war es fortan an Léon Blum, die von Jaurès auf Grundlage der Idee der echten, also der politischen wie ökonomischen Freiheit der Individuen konstruierte Notwendigkeit einer sozialistischen Entwicklung der Gesellschaft fortzuführen und zu verteidigen. In seinem Vortrag *L'Idée d'une Biographie de Jaurès* hat er dieses schwierige politische Erbe explizit angenommen:

> „Politik, also die Errichtung einer gerechten Gesellschaft, mithin das Streben nach Gleichheit, nach gemeinsamem Wohlstand *und* nach individuellem Glück, die nie voneinander getrennt werden dürfen, das ist *Sozialismus*."[130]

Auch für Blum ist der vernunftbegabte Mensch die zentrale Größe eines republikanisch verfassten Sozialismus, der wiederum in der Summe allen Menschen zu gute kommen soll. Das Individuum befindet sich – wie bei Jaurès, so auch bei Blum – in einem permanenten Interaktionsprozess mit der Umwelt, der für das Menschsein an sich konstitutiv ist. Alle Eindrücke über die Welt erweisen sich so als notwendig subjektive, als individuell verortete Eindrücke, sie sind einem zentralen Zugriff entzogen. Aus dieser kognitiven Pluralität angesichts der permanenten Interaktion von Mensch und Umwelt heraus ist es für Blum unabdingbar, den Menschen zur Teilnahmefähigkeit auszubilden. Indem der Mensch zur Teilhabe befähigt wird, realisiert die Politik, die diese Prozesse anstößt, eine Form funktional begriffener Teilhabegerechtigkeit. Diese ist für Blum auch politisch-strategisch von Interesse, denn er benötigt – insbesondere nach dem Parteitag von Tours 1920 – angesichts der kommunistischen Akteursentwürfe von Klasse oder Partei das Individuum als Gegenkonzept für seinen sozialistischen Binnenpluralismus. Das Individuum als Gegenkonzept ermöglicht Blum mehr, als einen plumpen „systematischen Antibolschewismus"[131], nämlich die kritische Auseinandersetzung mit dem Linkstotalitarismus auf dem Boden der einstmals gemeinsamen Ideen.

Je mehr es also dem Sozialismus gelingt, eine möglichst konkrete Vorstellung von Individualität – und damit einhergehend: von Pluralität und Flexibilität – in die eigene Vorstellung über mögliche Vollzugsformen gesellschaftlichen Wandels zu integrieren, desto widerstandsfähiger wird er gegenüber dem kommunistischen Elysium der kollektiven Erzwingung von Wandel.

---

129 Für die detaillierte Schilderung der Ereignisse des 31.8.1914 vgl. Beer 1918, S. 26–30.
130 Blum 1917, S. 19, Hervorhebung im Original.
131 Ziebura 1963, S. 322.

3.2 Individualität und der Andere

Mit dieser strikten Betonung des partikularen, des individuellen Menschen in der Gegenwartsdiagnostik des demokratischen Sozialismus[132] geht nicht nur eine – verglichen mit dem historischen Materialismus – heuristische Umorientierung hinsichtlich der Wahrnehmung der sozialen, politischen und ökonomischen Verhältnisse in der beobachteten Referenzgesellschaft einher. Auch die Qualität der politischen Debatte verändert sich nachhaltig. Sie orientiert sich weg von der gebetsmühlenartigen, mitunter völlig erstarrten Interpretation der toten Homogenität des proletarischen Klassenkollektivs und der ihm vermeintlich immerwährend eingeschriebenen Gesetzmäßigkeiten. Stattdessen bewegt sie sich hin zu Fragen der Wahrung von Funktionalität und Integration angesichts einer permanent in Bewegung befindlichen Vielheit von Individuen. Angesichts der ebenso mutigen wie nachdrücklichen Interventionen Émile Zolas („*J'accuse!*") im Zusammenhang mit der *Dreyfus-Affäre* beschreibt Jaurès die konkrete Erscheinung dieser neuen politischen Qualität wie folgt:

> „(...) Zola erweist uns einen ungeheuer wichtigen Dienst, indem er daran erinnert, dass weder ein autoritärer Befehl des siegreichen Proletariats noch eine unpersönliche Diktatur ausreichen, um die Gesellschaft zu erneuern. Hierfür braucht es die spontane und vielgestaltige Kraft lokaler Gruppen, die freie Ausbildung von Fähigkeiten und Willen, beständig weiterreichende Versuche der Kooperation."[133]

Angesichts einer solchen komplexen Pluralität in einer Gesellschaft von *verflochtenen Leben* steht fortan nicht mehr das *Was?*, sondern das *Wie?* des Politischen im Vordergrund.

Wenn nunmehr also das neue Paradigma sozialistischer Theoriebildung in den Fokus rückt, das eben nicht mehr auf den proletarischen Kollektivakteur, das nicht mehr auf den rein funktionalen Aspekt von Durchsetzungsmacht innerhalb vorgefertigter teleologischer Geschichtsentwürfe setzt, sondern das stattdessen die Partikularität des selbstbewussten und gestaltungsbefähigten Staatsbürgers ins Zentrum seiner Analyse rückt, dann erfordert diese neue Akzentuierung auch eine Intensivierung des Blicks nach Innen, sozusagen in die Binnenverhältnisse dieses auf Individualität gegründeten sozialistischen Gesellschaftsentwurfs. Im Unterschied zu kollektiv akzentuierten Klassenentwürfen nämlich, die sich mit der Behauptung weitestgehender sozialer, ökonomischer und politischer Homogenität nach innen für ihre Binnenverhältnisse als – in sich durchaus folgerichtig

---

132 Vgl. hierzu, insbesondere in kritischer zeitgenössischer Abgrenzung zum „individualisme exagéré" des Kapitalismus, Hillquit 1911, S. 8–27.
133 Jaurès 1901.

– blind erweisen, wird sich der auf einer Pluralität von Interaktionszusammenhängen gegründete demokratische Sozialismus seiner feingliedrigen, potenziell fragilen Topographie im Inneren, wird er sich jener Doppelung des „Lebens mit dem anderen, aber leben mit sich selbst"[134] bewusst. An diesem Punkt stellt sich demnach dann die Frage, wie diese vormalige *terra incognita* der sozialistischen Binnenverhältnisse – also die permanente Vielheit der Interaktionen und die daraus wiederum resultierende, überaus große Wahrscheinlichkeit von Interaktionskonflikten – zu begreifen und zu verregeln wäre.

Von ihrer grundsätzlichen Anlage her begreifen die Autoren des demokratischen Sozialismus die innerproletarischen Verhältnisse als eine Konstellation pluralistischer Handlungsverflechtungen und damit als potenziell konfliktträchtig. Konflikte existieren nicht notwendig, eine vollkommen konfliktfreie Interaktion erscheint jedoch als hochgradig unwahrscheinlich. Die Antwort, die sich angesichts dieser Perspektive durchgängig in den verschiedenen Versionen des demokratischen Sozialismus mit Blick auf die Handhabbarmachung eben jener pluralitätsbedingten Interaktionskonflikte findet, verweist im Sinne einer „geregelten Freiheit"[135] auf die nachhaltige Etablierung von Rechtsverhältnissen:

> „Es ist der Sozialismus, der dieses neue Rechtsverhältnis zur Geltung bringt und sich darauf stützt. Er steht auf allerhöchste Weise für eine demokratische Partei, denn er will die Selbstbestimmung Aller in der wirtschaftlichen und der politischen Sphäre organisieren. Und er begründet die neue Gesellschaft auf das individuelle Recht eines jeden Menschen, eben weil er jedem Menschen die konkreten Mittel zugesteht, die alleine ihm zur vollen Entfaltung seiner Persönlichkeit gereichen."[136]

Das Prinzip der Legalität, das Rechtsverhältnis dient der Demokratie und dem Sozialismus als gemeinsame Klammer, die wiederum einen Raum kreiert, der qualitativ so beschaffen ist, dass in ihm die politischen wie auch die ökonomischen Bedürfnisse der Menschen befriedigt werden können. Der politisch zutreffende Begriff, der diese die Demokratie und den Sozialismus integrierenden Rechtsverhältnisse bezeichnet, lautet Republik. Indem sie eine am politisch teilhabenden Individuum orientierte Sphäre des Rechts garantiert, in deren Einflussbereich eine in ihren praktischen Konsequenzen ungerechte Wirtschaftsform überwunden werden kann, avanciert die Republik zum eigentlichen Motor der Überwindung der kapitalistischen Produktionsweise – und steht damit im Zentrum der Konzeption politischen Wandels, wie ihn der demokratische Sozialismus vorstellt. Denn die Republik tritt mit einem holistischen Anspruch auf: nur

---

134 Jaurès 1892.
135 Jaurès 1927a, S. 414.
136 Jaurès 1927a, S. 415.

3.2 Individualität und der Andere

wenn für alle Bürger gleichermaßen Rechtsgeltung garantiert werden kann, gilt – so banal das klingen mag – tatsächlich auch Recht.

Während Jaurès die Einrichtung eines Rechtssystems als Instrument zur Einhegung von pluralitätsbedingten Interaktionskonflikten explizit befürwortet, erscheint die Republik bei Blum nur implizit, obschon er sich mit seiner Position in der politischen wie theoretischen Kontinuität von Jaurès verortet. Trotz dieser nur impliziten Ansprache des Republikthemas lässt sich jedoch eine Kontinuität nachweisen, auch wenn Fragen nach der Gestaltung des Rechtssystems selbst oder solche nach der Regelung von Rechtsfragen allgemein sicherlich keine prominente Stellung innerhalb des Werks von Blum einnehmen. Dennoch können in seinen Schriften zwei inhaltliche Tendenzen beobachtet werden, die eine spezifische Relevanz des Republikdenkens in Anknüpfung an Jaurès nahelegen. Das ist einerseits die konkrete Ausformung seines Fortschrittsdenkens, das politisch überaus eng an die qualitative Fortentwicklung der *Dritten Republik* gebunden ist.[137] Zum anderen begreift Blum die *Diktatur des Proletariats* als eine Art Ausnahmezustand, der jenseits der eigentlich geltenden rechtlichen Normalität situiert ist und den es schnellstmöglich zugunsten der Widerherstellung von Rechtsverhältnissen zu überwinden gilt.[138] Aus der Sicht von Blum erscheint die Republik damit als der einzig akzeptable, weil rechtlich eingehegte, eben nicht beliebige und noch dazu als der einzig entwicklungsfähige Rahmen für die nachhaltige Realisierung sozialistischer Politik.

Was die deutsche Seite der Debatte anbelangt, so betrifft der Diskurs über die rechtliche Normalisierung von Wandlungsprozessen zunächst und in erster Linie Eduard Bernstein, und das bereits vor den ersten Gehversuchen seines Revisionismus[139] des orthodoxen Marxismus. Dieser rückte ihn bekanntlich in die Nähe des sozialreformerischen und eben nicht revolutionären *Kathedersozialismus*[140] – was als ein Indiz für Bernsteins deutliche Entfernung von der *wahren Lehre* und die nicht minder heftige Reaktion innerhalb der weniger reformbereiten Kreise der Sozialdemokratie darauf gelesen werden kann. Sozialreformen als Mittel für die evolutionäre Gestaltung gesellschaftlichen Wandels wiederum wurden – etwa auch in Kreisen der Fabian Society[141] – denkbar, weil der Staat und seine Ordnung grundsätzlich als eine Ermöglichungsstruktur der Interaktion von Individuen begriffen wurde.

---

137 Vgl. etwa Blum 1936, S. 547.
138 Vgl. zu diesem Aspekt etwa Blum 1922, S. 247.
139 Gemessen an der diesbezüglichen Publikationstätigkeit in der *Neuen Zeit* und mit Blick auf die Korrespondenz mit Kautsky wäre dieser Zeitpunkt – insofern er durch Schrifttum dokumentierbar ist – für die Mitte des Jahres 1896 anzusetzen.
140 Zum Begriff, zu den Vertretern und zur Positionierung Bernsteins vgl. Hirsch 1977.
141 Vgl. hier grundsätzlich Wittig 1982.

Dass Bernstein hierbei den Terminus *Republik* nur implizit verwendet, verwundert kaum, denn die deutsche Sozialdemokratie hat – im Unterschied zu ihrem Pendant in Frankreich – bis 1919 keine Erfahrungen mit einer gefestigten, repräsentativ-demokratisch verfassten republikanischen Staats- beziehungsweise Regierungsform sammeln können. Statt im Konzept einer *Republik* sieht Bernstein in der Etablierung einer von ihm so genannten *umfassenden Rechtsstaatlichkeit* ein mögliches gemeinsames Projekt von Sozialismus und Liberalismus, wobei darin ein dem Konzept er Republik analoges Staatsverständnis angelegt ist:

> „Der Liberalismus als Weltanschauung ist niedergelegt in der Erklärung der Menschenrechte der großen französischen Revolution, die die Freiheit der Persönlichkeit, das Recht auf die eigene Freiheit, das Recht jeder Generation auf ihre Souveränität (...) proklamierte."[142]

Indem nämlich der Sozialismus diese liberal inspirierte Programmatik universeller Grundrechte mit aufnehme, so Bernsteins Argumentation, könne er in konstruktiver Weise an die Tradition der Französischen Revolution anknüpfen und so einen bewährten Mechanismus – in Form der Implementierung eines bestandsfesten Rechtskatalogs jenseits des Zugriffs beliebiger Akteure und politischer Auseinandersetzungen – zur Eindämmung von Interaktionskonflikten sowie zur Limitierung des Staatshandelns implementieren. Der Staat stellt sich damit auf die Seite der Bürger, deren Rechte er fortan zu garantieren hat.

Neben dieser Bezugnahme auf die allgemeine Erklärung der Menschen- und Bürgerrechte aus dem historischen Kontext der Französischen Revolution – der auch für Jaurès argumentationsstrategisch so bedeutsam war, wie die mehrbändige *Histoire socialiste de la Révolution française* eindrucksvoll belegt – hatte Bernstein seit Beginn seiner Artikelserie *Probleme des Sozialismus* (1896ff.) immer wieder auf die konzeptionelle Orientierung des Staates hin zu einem Rechtsstaat hingewiesen, wenn auch nur implizit. Denn indem er – aus dem Grundverständnis seines auf politischer Gegenwärtigkeit fußenden politischen Programm heraus – für eine ebenso gegenwärtige Reformtätigkeit mit dem Ziel der möglichst baldigen Verbesserung der sozialen wie ökonomischen Lage des Proletariats eintritt, erkennt Bernstein an, dass die gegebenen Umfeldbedingungen solche Interventionen nicht nur zulassen, sondern auch als erfolgversprechend erscheinen lassen. Das von Bernstein vorgefundene politische System scheint ihm also dermaßen tragfähig, dass er seine politischen Vorstellungen auch gegen Widerstreben Dritter nachhaltig durchsetzen zu können glaubt. Das darin aufscheinende Vertrauen in die Beständigkeit politischer Entscheidungen

---
142 Bernstein 1918, S. 10.

3.2 Individualität und der Andere

beinhaltet jene Vorstellung eines komplexen politischen Systems, das seinerseits über Mechanismen verfügen muss, solcherlei Vertrauen durch die Beständigkeit seiner eigenen System- und Entscheidungsstruktur hervorzubringen und zu fördern. Dem politischen Alltagsgeschäft entzogenen Rechtsstrukturen, wie Bernstein sie 1918 im Zusammenhang mit dem Begriff der *umfassenden Rechtsstaatlichkeit* angesprochen hatte, entsprächen solchen vertrauensbildenden Mechanismen, die ihrerseits die politisch handelnden Akteure in die Lage versetzen, ein für politische Interventionen erforderliches Vertrauenskapital in potenziell entscheidungsunsicheren Umwelten anzusammeln.

Auch bei Kautsky entwickelt sich – hier in Analogie zur Entwicklung bei Bernstein – eine explizite Bezugnahme auf einen rechtsstaatlich organisierten Mechanismus institutioneller Konfliktbearbeitung erst spät, angesichts der bolschewistischen Revolutionspraxis. Rechtsstaatliche Institutionen sind bei ihm im Konzept der Demokratie integriert.[143] Ein als legitim einzustufendes politisches System, so hat Kautsky in seiner Kontroverse mit Lenin immer wieder betont, gestattet seinen Bürgern das Recht auf politische Teilhabe – und zwar als Bürger, und nicht bloß als beliebig verfügbarer Teil einer politisch oder ökonomisch definierten Klasse. Das bedeutet wiederum, dass die gleichen politischen Rechte für alle Bürger, eine Form von institutionell geregelter Machtteilung sowie das allgemeine Wahlrecht als struktureller Kopplungsmechanismus zwischen den Bürgern und ihrer Regierung als integrale Bestandteile eines solchen, eben legitimen politischen Systems anzusehen sind.

Trotz dieser expliziten Betonung dreier Grundpfeiler eines als Rechtsstaat klassifizierten politischen Systems bleibt Kautskys Vorstellung desselben in einem entscheidenden Punkt doch hinter der Vorstellung Bernsteins zurück. Die bei ihm weniger stark ausgeprägte Betonung von Rechtsstaatlichkeit wird offenbar, wenn man Kautskys nachhaltige Befürwortung der vollständigen Normsuspendierung im Falle der *Diktatur des Proletariats* in diesem Zusammenhang mit berücksichtigt, die ob ihrer marxistisch-ideologischen beziehungsweise politisch-strategischen Inspiration dem revisionistischen Ruf nach Rechtsstaatlichkeit in nichts nachsteht. Denn damit wird zumindest einer der drei vorgenannten Pfeiler von Rechtsstaatlichkeit – nämlich das Prinzip der Beschränkung durch wechselseitige Kontrolle der staatlichen Institutionen – wieder zugunsten der Initiativmacht der Exekutive relativiert. Diese unterschiedlichen Akzentuierungen von – immer noch – revolutionärer Diktatur hier, Rechtsstaatlichkeit dort, unterstreichen mehr als deutlich, wie weit entfernt Bernstein und Kautsky trotz ihrer gemeinsamen Ablehnung des Bolschewismus doch noch sind. Nach wie vor repräsentieren beide zwei sehr unterschiedliche Parteiflügel, die zwar eine negative

---

143 Vgl. etwa Kautsky 1919a, S. 35, 58.

Schnittmenge aufweisen, die jedoch hinsichtlich des konstruktiven Umgangs mit politischen Gestaltungsoptionen kaum in eine gemeinsame Richtung gehen. Die Verankerung liberalen Gedankenguts innerhalb der deutschen Sozialdemokratie ist zu Beginn der zwanziger Jahre sowohl fragil, als auch nur sehr partiell, eben auf dem revisionistischen Flügel, erreicht.

Die Fallstricke dieser immer wieder auf die vermeintliche Möglichkeit radikalen revolutionären Wandels schielender Politik, wie Kautsky sie in Teilen immer noch betreibt, werden dann besonders deutlich, wenn es um die Frage nach der Verantwortung für politische Verbrechen geht, wie sie unter dem kommunistischen Regime in der Sowjetunion begangen worden sind. In *Terrorismus und Kommunismus* beklagt Kautsky zwar eine Degeneration der politischen Avantgarde des Proletariats hin zur Gewalt, in deren Folge alle politischen Maßnahmen als in einer Art „Kalamität"[144] gefangen erscheinen müssten. Dass diese Gewalt jedoch erst durch die argumentative Bejahung der plötzlichen Herstellbarkeit einer gänzlich neuen Gesellschaft entscheidend mit hervorgerufen worden ist – ein Modell gesellschaftlichen Wandels, für das stellvertretend die *Diktatur des Proletariats* steht – vermag Kautsky jedoch nicht zuzugestehen.

Insofern auf Seiten des französischen Sozialismus – so ein Zwischenfazit dieses Vergleichsaspektes – schon mit Beginn des *Dritten Republik* im Jahre 1871 ein gemeinsamer republikanischer politischer Raum gegen die Monarchie und deren Restauration in Stellung gebracht war[145] – der aus politischer Perspektive natürlich alles andere als unkontrovers daherkam – konnte sich deren Position zur politischen Ausprägung einer universellen Rechts- oder *Verfassungsstaatlichkeit* (Hannah Arendt) letztlich homogener und unnachgiebiger entwickeln. Nicht zu unterschätzen sind dabei auch die katalytischen Auswirkungen der *Dreyfus-Affäre* auf die republikanische Linke Frankreichs, die durch die Affäre gezwungen war, eindeutig Position zugunsten der Republik und gegen deren zumeist monarchistischen Gegner zu beziehen. Auch wenn die deutsche Seite lange ohne diese externe Identitätsstiftung auskommen musste, so besteht hinsichtlich der Idee der Rechtsstaatlichkeit ab 1917 ein konzeptioneller Konsens zwischen Bernstein und Kautsky, wenngleich auf Seiten Kautskys der Kompromiss zunächst tatsächlich auch nicht mehr war als das.

Dennoch bleibt der Befund, dass mit Blick auf die institutionellen Möglichkeiten der Einhegung einer politisch aktiven Pluralität von Menschen die a priori nicht inhaltlich determinierte Idee der *Rechtsstaatlichkeit* steht. Es ist der Rechtsstaat, mithin also das Recht, das aus jedem Menschen unterschiedslos ein *Rechtssubjekt* macht, das trotz aller skizzierten Nuancierungen ein für den deut-

---

144 Kautsky1919b, S. 329; für den damit zusammenhängenden Problemkontext S. 329ff.
145 Vgl. zur historischen Einordnung allgemein Engels 2007 und mit Blick auf die dominanten politischen Figuren der Zeit vgl. Fuchs / Scholze / Zimmermann 2004.

schen wie für den französischen sozialistischen Diskurs über die Modalitäten demokratischen Wandels fundamentales Paradigma darstellte. Indem Pluralität und Divergenz des Politischen in Rechtsverhältnisse münden, wird die Konfrontationslogik von Freund und Feind – wie sie nicht nur dem bolschewistischen Revolutionsverständnis mitsamt seiner Annahme einer de facto Gleichzeitigkeit von Wandel und Innovation innewohnt – zugunsten einer individuell zurechenbaren Freiheit und Gleichheit im Sinne der jederzeitigen Verfügbarkeit von Grundrechten aufgehoben. Die Rechtsstaatlichkeit erweist sich, ausgehend von der Akzeptanz des politisch initiativ wirkenden Individuums, angesichts der konzedierten Fluidität und Permanenz von Wandel als ebenso permanente Begleit- und Ermöglichungsstruktur dieser auf Langfristigkeit angelegten Vorstellung gesellschaftlichen Wandels.

3.3 Individualität in Pluralität

Als Konsequenz dieses Befundes und in Anknüpfung an diese grundsätzliche Suspendierung einer existenziellen Konfrontationslogik in der politischen Sphäre resultiert sodann die Frage nach der nachhaltig anschlussfähigen Organisation der politischen Vielheit von beliebig *interagierenden Rechtssubjekten*. In diesem Problemkontext steckt zunächst wieder eine neue, bislang noch nicht explizit formulierte Prämisse, nämlich die, dass grundsätzlich kein Akteur außerhalb der Rechtsordnung steht und damit auch kein Akteur – auch kein *Gegner* – einfach grundlos irgendwelchen Sanktionen bis hin zur physischen Liquidation anheim gegeben werden darf. Wäre dem nicht so, dann wären damit gleichsam die Rechts- und Ordnungsverhältnisse in ihrem ontologischen Kern ausgehebelt, insofern diese ihrem Selbstverständnis nach immer Geltung beanspruchen und gleichsam vorgelebt bekämen, dass diesem Anspruch Grenzen gesetzt sind. Welche politischen Ordnungs- und Vollzugsmodelle aber, die dann auch, zu Argumentationssträngen verdichtet, über die totalitäre politische Praxis des Bolschewismus hinausweisen, werden von den Autoren zur freiheitlichen Gestaltung des politischen Interaktionsraumes, in dem sich der gesellschaftliche Wandel ja konkret vollzieht, favorisiert?

Auch im Rückblick auf die im vorangegangenen Kapitel bereits beschriebene Metadimension gesellschaftlichen Wandels, soll im Folgenden doch zumindest ein kurzer Anriss der für die Analyse relevanten Elemente von Ordnungs- und Vollzugsmodellen politischer Praxis geleistet und diese dann den Autoren zugeordnet werden. Der grundlegende Befund, dass hinsichtlich der möglichen Verregelung des öffentlichen Raumes insgesamt sechs relevante Vollzugs- und Ordnungsmodelle im Kontext des demokratischen Sozialismus entwickelt werden konnten, deutet für sich genommen schon auf zweierlei sozialanthropologische Konstanten innerhalb dieses auf den Menschen fokussierten Diskursstranges hin, die noch einmal expliziter Erwähnung bedürfen.

Dies ist zum einen das permanente, insbesondere vor parteipolitischem und parteitaktischem Hintergrund verständliche Bemühen um die Einbindung, um die Einbeziehung einer möglichst großen Anzahl von Einzelakteuren in den politischen Prozess. Die schiere Masse als *Währung der Politik*, wie das später in den Modellannahmen des *Rational-Choice-Ansatzes* vertreten werden würde, wäre in diesem Sinne, frei nach Elias Canetti, dann faktische, politische verwertbare Macht, insofern Masse Gehör und damit einhergehend Einfluss verschafft. Entscheidend aber ist, dass sie hier nicht funktional, also etwa als Mittel einer Elite, sondern als autonome Machtrealität begriffen wird, insofern sie *für sich* Grund- und Teilhaberechte einfordert.

Und zum anderen soll diese emanzipierte, selbstbewusste Masse, also das sozialistische Klientel, in sich und mit der außerhalb seiner Seinsrealität stehenden Gesellschaft integriert und somit zu dieser Seinsrealität in einen permanenten Bezug gesetzt werden. Ziel ist die Aufwertung des Einzelnen – hier klingt dann schon etwas *kommunitaristische Gegenwartsdiagnose* durch[146] – zum konstitutiven Element von Gemeinschaft. Der einzelne Mensch wird in dieser selbst aufgefangen, aber eben nicht aufgehoben, was wiederum unterstreicht, dass Gemeinschaft oder Gesellschaft und der Einzelne nicht etwa separate, sonder komplementäre soziale Phänomene darstellen. Es geht also immer um „dichte soziale Ordnung und größtmögliche Autonomie"[147], es geht angesichts der zu erwartenden Konflikte in einem freien Interaktionsraum der Vielen um die bestmögliche präventive und strukturelle Einhegung und Verregelung dieser Konflikte – und damit letztlich auch um die ganz grundsätzliche Frage der dauerhaften Systemstabilität.

Die für die Ermöglichung einer solchen, dauerhaften Systemstabilität verfügbaren Mechanismen stehen dabei allesamt von ihrem eigenen Anspruch her in Einklang sowohl mit der *nature de gouvernement* als auch dem *principe de gouvernement* (Montesquieu[148]) der Republik und bilden somit einen entschiedenen Widerpart zu einer despotischen oder tyrannischen Regierungsform oder

---

146 Erinnert sei etwa an die kommunitaristische Gegenwartsdiagnose Amitai Etzionis. Die politische Sphäre zerfalle, so Etzioni, in zwei politische Spektren oder Denkrichtungen, nämlich die Liberale und die Sozialkonservative. Erstere begreife die Gesellschaft primär als den Raum individueller Autonomie, wohingegen letztere ein staatszentristisches Denken favorisiere. Etzionis Kommunitarismus bewegt sich zwischen diesen Sphären, zwischen Individuum und Gemeinschaft, zwischen Freiheit und Ordnung, was auch für die hier analysierten Sozialismusvarianten *grosso modo* zutrifft. Vgl. Etzioni 1997, S. 27f.
147 Etzioni 1997, S. 33.
148 Vgl. Montesquieu 1992, Buch 3, Kapitel 1.

3.3 Individualität in Pluralität

einer solchen Regierungspraxis. Die Republik habe, wie Hannah Arendt in Anknüpfung an diese heuristisch bedeutsame Differenzierung Montesquieus zwischen bloßer Form und gelebter Verfahrenspraxis eines Staates schreibt, als

„verfassungsmäßige Regierung (...) nach dem Prinzip der Tugend (funktioniert, die) auf der Liebe zur Gleichheit"[149]

beruht. In diesem Sinne ist der bei Bernstein und Jaurès, bei Kautsky und Blum präsente Katalog politischer Ordnungs- und Vollzugsmodelle getragen vom Gedanken der Ermöglichung von Pluralität und Differenz der sozialen wie auch der politischen Existenz – und nicht etwa von einer Vorstellung des *Gezwungenwerdens* (Arendt), wie dies dann in der Praxis des Bolschewismus unter Stalin im Vergleich zur Situation unter Lenin noch perfektioniert werden würde.

Tabelle 1: Politische Ordnungs- und Vollzugsmodelle.[150]

	Ausprägung	Bernstein	Jaurès	Kautsky	Blum
Republik	Rechtsstaatlichkeit, Garantie der Menschen- und Bürgerrechte	+	+	o	+
Demokratie	Teilhabe aller Bürger am politischen Prozess konstitutiv als Basis des Sozialismus	+	+	+	+
Föderalismus	Schutz vor Machtallokation und Erleichterung von Teilhabeprozessen	+	-	-	-
Subsidiarität	Mitwirkungsoption auf lokaler Ebene	+	--	+	--
politischer-Pluralismus	Mehrparteiensystem, Konkurrenz um politische Gestaltungsmacht	-	+	+	+
horizontale Machtteilung	Schutzmechanismus vor Entartung der Republik zur *Despotie*	o	+	o	o

---

149 Arendt 1955, S. 680. Mit Gleichheit meint Arendt hier in republikanischer Tradition explizit die Gleichheit vor dem Gesetz. Über die Tyrannis und die totalitäre Herrschaft schreibt Arendt weiter: „Die Tyrannis hat ihr Wesen in gesetzloser Herrschaft, in der Macht von der Willkür eines einzelnen ausgeübt wird; ihr Prinzip des Handelns ist die Furcht (...). Das Wesen totalitärer Herrschaft in diesem Sinne ist der Terror (...)."

150 Erläuterungen zu den verwendeten Symbolen: + = stark ausgeprägt; o = weniger stark ausgeprägt; - = kaum ausgeprägt; -- = keine Position; vgl. für die tabellarische Übersicht Lemke 2008, S. 381.

Was die Präsenz verschiedener Vorstellungen und Modelle zur nachhaltigen Ermöglichung pluralistischer *Individualität in Interaktion* anbelangt, wie sie die vorstehende Tabelle für die Gesamtausrichtung des politischen Denkens von Bernstein, Kautsky, Jaurès und Blum angibt, so wird eine Zuordnung anhand nationaler Politikgrenzen hier nicht weiter verfangen. Es ist nicht die Zugehörigkeit zu einer spezifischen, nationalen Variante des Sozialismus, die in eine spezifische Vorstellung über prä- wie postrevolutionäre[151] Ordnungs- und Vollzugsmodelle beziehungsweise *Interaktionsstrategien* mündet, was wiederum die über nationalstaatliche Grenzen hinweg reichende Anschluss- und Integrationsfähigkeit nicht-totalitärer politischer Praxisformen unterstreicht. Eine als universell angenommene Selbstverantwortlichkeit muss gleichsam eine Form von Reziprozität voraussetzen, um nicht desintegrierend zu wirken, wie – neben den anderen Autoren – etwa auch Léon Bourgeois angemerkt hat:

> „Aber diese Freiheiten der Individuen sind keine voneinander unabhängigen Kräfte; die Menschen sind keine isolierten, sondern miteinander assoziierte Wesen; treffen sie aufeinander, dürfen diese sich gegenseitig limitierenden Freiheiten sich nicht verletzen, sich nicht ausschließen oder sich gegenseitig zerstören, sondern im Gegenteil (...) sie müssen sich einander in ihrem Ziel ergänzen und das Gesamtsystem in seiner Bewegung voranbringen."[152]

Stattdessen liegt der entscheidende Grund für die mehr oder minder starke Ausprägung von – wie man sie ex post charakterisieren könnte – pluralistisch oder kommunitaristisch ausgerichteten Politikmustern vielmehr sowohl im erlebten politisch-ideologischen Ambiente der Akteure, wie auch in der Bereitschaft prozessuale Offenheit und Fluidität jenseits teleologischer Festlegungen zu denken. Ideengeschichtlich formuliert steht und fällt die Vehemenz, mit der nämlich der antitotalitäre Sozialismus seinen eigenen, freiheitlichen Ansatz zu begründen und zu verteidigen vermochte, mit seiner Anschlussfähigkeit gegenüber dem politischen Liberalismus und Republikanismus, und zwar unabhängig davon, wie sehr dieser in einem konkreten politischen System ausgeprägt ist oder nicht. Die Entscheidung zugunsten einer zukunftsoffenen Allianz von Wandel und Demokratie ist damit ebenso kategorialer Natur, wie die Ablehnung revolutionärer Gewalt. Damit soll nicht in Abrede gestellt werden, dass, je stärker liberalrepublikanische Denkmuster und tatsächliche Strukturen in einem konkreten

---

151 Je nach Sozialismusvariante unterscheiden sich entweder prä- und postrevolutionäre Phase durch ihre konkrete Ausgestaltung und ihren Entwicklungsstand fundamental, oder aber sie werden als Einheit gedacht, wobei in einem solchen Fall (etwa Bernstein) die Revolution als singulärer, eruptiver politischer Transformationsakt politisch-praktisch zugunsten eines langfristig angelegten Emanzipationsprozesses entfällt.
152 Léon Victor Auguste Bourgeois, zitiert nach Canto-Sperber / Urbinati 2003, S. 67.

3.3 Individualität in Pluralität

politischen System und bei den dort angesiedelten Akteuren bereits verankert sind, desto größer auch die Chance für eine nachhaltigere Abwendung des Sozialismus von totalitären Methoden ist. Nur ist es nicht bloß die Struktur, die eine Abwendung vom Totalitarismus vollzieht, es ist letztlich auch zu allererst das denkende, sich seiner politischen Existenz bewusst werdende Individuum. Und gerade diese Zusammenschau von Umfeldbedingungen und gelebter politischer Existenz ist es, die jene staatenübergreifenden Vorstellungen nachhaltiger politischer Ordnung plausibel zu begründen vermag, wie sie in den verschiedenen Sozialismusentwürfen in verschiedenen Ländern zur gleichen Zeit mehr oder weniger unabhängig voneinander artikuliert werden.

In Deutschland war es Eduard Bernstein, der aufgrund seines langjährigen Exils in England in der Lage und Willens war, eine Offenheit im Denken in die deutsche Sozialdemokratie einzupflanzen, die dann ihrerseits die Absetzungsbewegung vom Bolschewismus ermöglichte. In Frankreich war es maßgeblich an Jean Jaurès mit seiner ursprünglich liberal-republikanischen Biographie, dem französischen Sozialismus ein Politikverständnis eines *managment of diversity*, verstanden als heuristische Sozialdiagnose wie auch als normative Politikkonzeption, zu eröffnen, anhand dessen sich dann zumindest der kleinere Teil der SFIO, wie man nach dem Parteitag von Tours zugestehen muss, gegen jeglichen radikalen Egalitarismus zu behaupten wusste.

Die vorstehenden sechs Interaktionsmodelle zur Verregelung einer potenziell konfliktuellen Handlungsrealität der Vielen – und angesichts der Forderung nach einer umfassenden rechtlichen Einhegung des Politischen ist es entscheidend, dass diese fortan, auch in einem agonalen Sinne[153], als *Andere*, jedoch nicht mehr als zur physischen Vernichtung freigegebene *Gegner* wahrgenommen werden – erweisen sich allesamt als jeweils unterschiedlich akzentuierte Ausdruckformen eines *managment of diversity*. Das wiederum bedeutet für den Vollzug gesellschaftlichen Wandels, dass aus Sicht des antitotalitären Sozialismus Interaktionskonflikte nicht durch Unterdrückung dieser Konflikte *a priori* lösbar sind. Vielmehr bedarf es eines beständig garantierten Freiraums, in dem sich Andersartigkeit ausleben kann, ohne sich jedoch in Gänze aus der Gemeinschaft mit den Anderen entziehen zu können. Insofern sie je unterschiedliche Aspekte dieser für einen sich als rechtsstaatlich begreifenden Politikentwurf überlebenswichtigen Frei- oder Vollzugsräume bereitzustellen vermögen, sind die sechs vorstehenden Ordnungsentwürfe des Politischen für den anti-totalitären Sozialismus konstitutive Elemente. Ihre institutionelle Festschreibung erzeugt dabei – auch wenn das paradox klingen mag – erst jene dynamische Ordnung, die für eine nicht-totalitär eingeengte[154] Form des Zusammenlebens des Einzel-

---
153 Vgl. Mouffe 2007.
154 Weder in ihrem konkreten Vollzug, noch teleologisch.

nen mit den Vielen, die dann auch *agonal Andere* sein können, bürgt, ohne jedoch in ihrer ontologischen Verfassung beliebig zu werden.

> „In dem Begriff Demokratie", so Bernstein mit Blick auf eines der oben vorgeschlagenen Ordnungsinstrumente, „liegt eben für die heutige Auffassung eine Rechtsvorstellung eingeschlossen: die Gleichberechtigung aller Angehörigen des Gemeinwesens, und an ihr findet die Herrschaft der Mehrheit, worauf in jedem Fall die Volksherrschaft hinausläuft, ihre Grenze."[155]

Für diese offene und gleichsam verbindliche sowie permanente Interaktionsermöglichung sorgt die all diesen Ordnungsvorstellungen inhärente Funktionslogik, die ihrerseits eine beständige Rückkopplung des Einzelnen an die tendenziell als Gemeinschaft begriffene Gesellschaft erlaubt.

Als zentrales konzeptionelles Defizit der im sozialistischen Diskurs über die Ermöglichung einer nachhaltigen Integration von Individualität in Pluralität präsenten Mechanismen der Integration mag jedoch bleiben, dass eine konkrete Überlegung zur Austarierung und Verknüpfung der verschiedenen genannten Ordnungsmodelle ausbleibt. Liest man den Diskurs als demokratietheoretische Intervention, so bleibt diese insofern unvollständig, als dass sie zwar aus akteurstheoretischer Perspektive eine fundamentale wie auch plausible Kritik an der kollektivistischen Zwangsgewalt der bolschewistischen Teleologie formuliert. Jedoch wird diese Kritik nur in Ansätzen konstruktiv gewendet. Diese Ansätze wiederum präsentieren zwar Ordnungsentwürfe für eine soziale beziehungsweise politische Pluralität, sie konkretisieren die Ausgestaltung dieser Ordnungsentwürfe jedoch nicht. Andererseits mag sich in diesem – vermeintlichen – Fehlen einer weitergehenden Konkretisierung gerade jene konzeptionelle Offenheit ausdrücken, die den demokratischen Sozialismus mit seiner nachhaltigen Aufwertung des Individuums zum zentralen politischen Akteur gegenüber dem Bolschewismus gerade so erfolgreich gemacht hat.

3.4 Die Rolle des Menschen im Prozess des Wandels

Pluralität und Differenz erweisen sich – das steht als zentrale Einsicht am Beginn dieses kurzen Rückblicks auf dieses Kapitel – als die im Prozess des Wandels nicht hintergehbaren, dabei jedoch als offen konzipierten Konstanten eines die perpetuierte und generative Freiheitlichkeit des Individuums bejahenden politischen Raumes.

---

155 Bernstein 1899a, S. 177.

3.4 Die Rolle des Menschen im Prozess des Wandels

„Das Politische", so hatte Hannah Arendt diese spezifische Qualität des politischen Raumes ja einmal umrissen, „beruht auf einer Tatsache: der menschlichen Pluralität. Gott hat *den* Menschen erschaffen, *die* Menschen sind ein menschliches, irdisches Produkt, ein Produkt der menschlichen Natur. (...) Das Politische handelt von der Gemeinschaft und den Wechselbeziehungen *verschiedenartiger* Wesen."[156]

Wenn also von Pluralität und Differenz die Rede ist, dann wird damit auf das Individuum als politische Grundeinheit verwiesen, von dem eine freiheitliche Politikkonzeption um ihrer selbst Willen nicht abrücken darf. Denn in der Homogenität und Anonymität von Klasse oder Rasse verschwindet nicht nur der Mensch, sondern mit ihm auch sein ihm je eigentümliches Wesen – verschwinden mithin also Pluralität und Differenz.

Dass sich die – mal mehr, mal weniger – „unversuchbaren"[157] Gegner des Bolschewismus der völligen Preisgabe des Menschen zugunsten eines amorphen, gestalt- und gesichtslosen Kollektivakteurs vehement verweigert haben, steht nachweislich außer Frage. Wenn der Einzelne nun nicht nichts, die Klasse aber auch nicht alles ist, dann wird damit die Frage nach der Rolle des Menschen sowie daran anknüpfend nach der Ausgestaltung der politischen Verhältnisse gestellt.

Der angesichts dieser Fragestellung zu konstatierende Befund über die *Mikroebene* des Diskurses erweist sich auf den ersten Blick als unbefriedigend. Diese Unzufriedenheit rührt daher, dass zwischen der dem politisch qualifizierten Individuum überantworteten Initiativkraft einerseits und den zur Integration dieser Pluralität von divergenten Gestaltungsvorschlägen und -ansprüchen vorgeschlagenen institutionellen Arrangements[158] andererseits eine nicht zu übersehende konzeptionelle Lücke klafft. Wenn dem einzelnen Menschen im Prozess gesellschaftlichen Wandels eine so gewichtige Rolle zukommt, dann stimmt es verwunderlich, wenn sich diese individuell verorteten politischen Interventionen lediglich über den Akt demokratische Wahlen ausdrücken sollen. Mit anderen Worten, im Diskurs fehlt es an praktikablen Vorschlägen zu geeigneten Beteiligungsverfahren[159], die eine adäquate und nachhaltige politische Artikulation der Vielheit der Individuen ermöglichen könnten und die damit gleichsam den der

---

156 Arendt 1993, S. 39f. Das Fragment, aus dem das hier wiedergegebene Zitat stammt, datiert vom August 1950 und steht damit unter dem unmittelbaren Eindruck des militärischen Sieges über den faschistischen Totalitarismus und passt dadurch auch in den Kontext des hier besprochenen Diskurses.
157 Vgl. Dahrendorf 2006.
158 Vgl. Tabelle 1.
159 Zu Beteiligungsverfahren und Kommunikationsprozessen in demokratischen Systemen vgl. grundlegend Martinsen 2006.

Summe der Individuen zuerkannten politischen Wert überhaupt erst zum Ausdruck zu bringen vermögen.

Dieses konzeptionelle Defizit hinsichtlich der kommunikativen Ausgestaltung des politischen Prozesses kann durch den historischen Kontext des Diskurses erklärt werden. Dieser spielt in einer Zeit, in der entscheidende institutionelle wie auch individuelle Voraussetzungen für eine breite demokratische Teilhabe noch kaum entwickelt waren. Auf institutioneller Ebene betrifft dies den Zugang zu und die Verbreitung von geeigneten Kommunikationsmedien, die angesichts ausdifferenzierter Großgesellschaften für eine nachhaltige und vor allem auch wechselseitige Übermittlung von Inhalten unverzichtbar sind. In individueller Hinsicht wiederum stellt sich sodann die Frage nach der Einübung von Verhaltensformen und Sozialtechniken, die etwa in Form eines differenzierten Grundlagenwissen, der Befähigung zu kritischer Meinungsbildung und der Alphabetisierung, der Etablierung eines auf individueller Partizipation gegründeten politischen Raumes vorgeschaltet sind. Genau an dieser Stelle erweisen sich jedoch die auf der *Mikroebene* des Diskurses vorgebrachten Argumente als erstaunlich treffend. Wenn Pluralität und Differenz zu Leitkategorien dieses Raumes erhoben werden, dann bedarf es auch einer kontinuierlichen Ausbildung der Kompetenzen der in diesem Raum einander begegnenden Akteure. Genau diese Forderung nach einer permanenten Emanzipation der eigenen politischen Klientel vertritt etwa Bernstein, wenn er schreibt:

„Die Sozialdemokratie will nicht diese Gesellschaft auflösen und ihre Mitglieder allesamt proletarisieren, sie arbeitet vielmehr unablässig daran, den Arbeiter aus der Stellung eines Proletariers zu der eines Bürgers zu erheben und so das Bürgertum oder Bürgersein zu *verallgemeinern*."[160]

Und ähnlich, wenn auch in wesentlich blumigerer Formulierung, findet sich die gleiche emphatische Bejahung von Lern- und Ausbildungsprozessen als Vorbedingungen der Möglichkeit demokratischer Teilhabe auch bei Jaurès, nämlich mit Blick auf die Französische Revolution und deren Ablösung der absolutistischen Monarchie:

„Aber dass ein so großes Volk, zivilisiert und reich, geprägt von einer über zehn Jahrhunderte reichenden Geschichte, ein Volk, das mit der Monarchie gewachsen ist und das, noch gestern, die selbige sogar in der Revolution für notwendig gehalten hat, dass dieses Volk, in dem es keine Sklaven gab, in dem es keine Leibeigenen mehr gab und in dem, seit dem 10. August (1792, ML) alle Staatsbürger gleich waren, sich zur Republik erhob, und dass es wirklich, völlig und in all seinen Elemen-

---

160 Bernstein 1899a, S. 183.

3.4 Die Rolle des Menschen im Prozess des Wandels

ten zu einem Volk von Königen wurde, das ist in der Tat eine großartige Neuigkeit (...). Folglich war es notwendig, dass sich die Nation für diese völlig neue Republik eine völlig neue Seele gab, eine Seele der Freiheit, der Gleichheit und der Aufgeklärtheit."[161]

Damit signalisieren Bernstein und Jaurès – stellvertretend für die Gesamtausrichtung des Diskurses – dass sie um die Relevanz von funktionierenden Teilhabeverfahren für ihr auf der aktiven politischen Individualität gründendes Demokratiemodell wissen. Dennoch erscheint es ihnen angesichts der vorgefundenen historischen Ausgangsbedingungen unumgänglich, zunächst die Befähigung Teilhabeverfahren auch tatsächlich nutzen zu können auszubilden.

Diese Fokussierung auf der Herstellung geeigneter Teilhabebedingungen durch permanente Lern- und Ausbildungs- beziehungsweise Aufklärungsprozesse mag die konzeptionelle Lücke erklären, die zwischen der tragenden Rolle, die dem Individuum als politischen Akteur zuerkannt wird, und ihrer tatsächlichen performativen oder institutionellen Ausgestaltung erkennbar besteht. Die Rolle des Menschen im Prozess des Wandels ist also auf gestaltende Teilhabe, auf die Entfaltung einer nur pluralistisch denkbaren Initiativkraft ausgelegt, die durch Rechtsverhältnisse eingehegt wird. Einzig die intermediären Institutionen zwischen Individuum und Staat sind – ausgenommen etwa verschiedene genossenschaftliche Ansätze[162] – im Diskurs noch unterrepräsentiert.

---

161 Jaurès 1927b, S. 376.
162 Für solche frühen Perspektiven auf die – hier noch neutral gemeinte – *Sozialreform* als Voraussetzung der gesellschaftlichen Integration der Arbeiterschaft sind im Laufe des 19. Jahrhunderts so verschiedene Personen, wie Friedrich Wilhelm Raiffeisen oder Louis Blanc eingetreten. Vgl. hierzu in einer breiten, auch auf die Entwicklung in den Vereinigten Staaten ausgreifenden Perspektive Rodgers 2010.

4 Gegen die revolutionäre Ungeduld

Das Abschlusskapitel erfüllt eine doppelte Funktion. Einerseits wird es darum gehen, die wesentlichen Diskursstränge noch einmal zusammenzufassen, anhand derer sich die argumentative Positionierung des Sozialismus – unter Betonung von Demokratie und rechtsstaatlich eingehegter Individualität – im Prozess des politischen Ringens gegen den Kommunismus nachzeichnen lässt. Darüber hinaus gilt es, hinsichtlich des Transfers des konkreten, historisch verortbaren Diskurses, zu reflektieren, welche zeitunabhängigen Implikationen die projizierte Praxis des antitotalitären Sozialismus mit Blick auf eine politische Theorie gesellschaftlichen Wandels birgt. Für eine Gegenwart nämlich, die sich mehr und mehr auch für die etablierten Industriestaaten und die westlichen Demokratien als besonders krisenanfällig und damit als verstärkt wandlungsbedürftig erweist, enthält der Diskurs möglicherweise interessante Anregungen, die zumindest die Organisation und Gestaltung von Wandlungsphänomenen orientieren können.

Während also der erste Teil dieses Kapitels noch einmal die Innensicht des demokratischen Sozialismus als ein Bemühen der wechselseitigen Integration von sozialistischen und liberalen Inhalten[163] rekapituliert, überschreitet der zweite Teil das analytische Niveau der Introspektion dieses Integrationsvorgangs zugunsten einer vom konkreten historischen Diskurs entkoppelten, alternativen Perspektivierung gesellschaftlichen Wandels.

Im Laufe der Analyse der diskursiven Auseinandersetzung dürfte hinsichtlich der Beschaffenheit und der Systematik der verfügbaren einschlägigen Aussagen deutlich geworden sein, dass Bernstein, Kautsky, Jaurès und Blum weder für den jeweiligen nationalen Kontext, noch darüber hinaus eine kohärente, in sich geschlossene Theorie gesellschaftlichen Wandels vorgelegt haben.[164] Ihre politische Auseinandersetzung mit der *kommunistischen Revolutionseuphorie* mündet vielmehr in ein Ensemble von Argumenten, das in der Zusammenschau gerade eine hermetische, ideologische Schließung von Argumentationsgebäuden

---

163 Vgl. Canto-Sperber / Urbinati 2003, S. 7f.
164 Demgegenüber vertritt Meyer 1977 die Einschätzung, zumindest Bernstein habe eine umfassende eigene Theorie des Sozialismus entworfen; wenn dabei umfassend im Sinne von komplex und weitreichend verstanden wird, ist Meyer zuzustimmen. Um ein geschlossenes Gedankengebäude handelt es sich bei Bernsteins aus dem Prozess einer kritischen Auseinandersetzung hervorgegangenen Positionierung jedoch nicht.

verneint. Im Rahmen des Diskurses entwerfen sie ein Set an Gestaltungspraktiken für gesellschaftlichen Wandel, das seinerseits stattdessen auf Permanenz und Anschlussfähigkeit als „Chancen der Freiheit"[165] ausgelegt ist und das somit der von ihnen vertretenen Vorstellung von Wandel – also einer permanent sich fortsetzenden Verkettung von Einzelereignissen – gerecht zu werden vermag.

Möglich wird diese Positionierung jenseits der Unbedingtheit revolutionärer Gewalt, weil die Seite des liberalen beziehungsweise republikanischen Sozialismus eben nicht primär auf *Welterklärung* abstellt, sondern auf *Weltermöglichung*. Dieser Unterschied ist so bedeutsam, weil es gerade die Überzeugung, einen universellen heuristischen Schlüssel für die Dinge in der Welt gefunden zu haben, war, die die revolutionäre Entschlossenheit der Bolschewiki – und in der praktischen Konsequenz dann die Suspendierung des Politischen – entscheidend motivational befeuert hat.

4.1 Liberaler Sozialismus und Anti-Totalitarismus

Folgt man verschiedenen zeitgenössischen Einschätzungen – insbesondere aus dem sowieso stärker zum politischen Liberalismus tendierenden angelsächsischen Raum – dann können die positiven Konsequenzen der Liberalisierung des Sozialismus beziehungsweise der Sozialdemokratie – im Sinne ihrer heuristischen Befähigung für *Weltermöglichung* – gar nicht hoch genug eingeschätzt werden. In seinem Schlüsselwerk von 1899 hatte Eduard Bernstein in ganz praktischer Absicht die Demokratie, entgegen der *Diktatur des Proletariats* oder der Finalität einer klassenlosen Gesellschaft, als antiutopischen Politikinhalt propagiert:

„Die Demokratie ist Mittel und Zweck zugleich. Sie ist das Mittel der Erkämpfung des Sozialismus, und sie ist die Form der Verwirklichung des Sozialismus. (...) Die Demokratie ist prinzipiell die Aufhebung der Klassenherrschaft, wenn sie auch noch nicht die faktische Aufhebung der Klassen ist. (...)"[166]

Woraus für Bernstein schließlich, mit Blick auf die politische Praxis, folgt:

„(...) Die Sozialdemokratie kann dies Werk nicht besser fördern, als wenn sie sich rückhaltlos, auch in der Doktrin, auf den Boden des allgemeinen Wahlrechts, der Demokratie stellt, mit allen sich daraus für ihre Taktik ergebenden Konsequenzen. In der Praxis, das heißt in ihren Handlungen, hat sie es schließlich immer getan."[167]

---

165 Vgl. hierzu den Beitrag von Euchner 1997.
166 Bernstein 1899a, S. 154f.
167 Bernstein 1899a, S. 156.

4.1 Liberaler Sozialismus und Anti-Totalitarismus

Und auch für Léon Blum, der von sich selber schrieb „Man wird mir glauben, wenn ich sage, ich sei ein guter Demokrat"[168], war die Demokratie mehr als ein Lippenbekenntnis oder eine strategisch austauschbare Manövriermasse im politischen Tagesgeschäft:

> „Folglich, als die Partei sich in ihren Statuten zu einer vollkommenen Diskussionsfreiheit bekannte, als sie die Freiheit der Presse erklärte, da waren das nicht irgendwelche verschwommenen Floskeln, die in die sozialistische Verfassung der Partei eingefügt wurden, sondern es war eine aus der eigentlichen Essenz dessen, was die Sozialistische Partei ausmacht, abgeleitete Regel."[169]

Demokratie, so machen sowohl Bernstein als auch Blum deutlich, ist eindeutig mehr als eine situativ vereinnahmte politische Position, sie gehört auf ganz fundamentale Art und Weise zum Kernbestand, zum Selbstverständnis des nicht kommunistischen Sozialismus.

Angesichts dieser, aus einer sozialistisch inspirierten Gegenwartsdiagnose im Übergang vom 19. zum 20. Jahrhundert heraus formulierten ontologischen Aufwertung der Demokratie schrieb etwa George Bernard Shaw im November 1899, also noch unter dem unmittelbaren Eindruck der nur wenige Wochen zurückliegenden Veröffentlichung der *Voraussetzungen des Sozialismus*:

> „In England bezeichnet man mit Sozialdemokrat heutzutage einen Sozialisten, der hoffnungslos hinter der Entwicklung zurückgeblieben ist. Dieselbe Bedeutung dürfte diese Bezeichnung auch in Deutschland gewinnen, wenn die Partei sich unfähig erweist, die Ideen Bernsteins in sich aufzunehmen."

Und in einem Brief an eben diesen Eduard Bernstein schreibt Graham Wallas am 19.5.1911, also zu einer Zeit, als revisionistische Ideen innerhalb der deutschen Sozialdemokratie – nach der zum damaligen Zeitpunkt immer noch fortwirkenden politischen Festlegung auf eine marxistisch-orthodoxe Haltung auf dem Parteitag von Dresden im September 1903[170] – nach wie vor nicht mehrheitsfähig waren:

> „Wenn Deutschland eine liberale Macht wird, das wird das größte Ereignis in der Geschichte Europas seit der Schlacht von Leipzig sein ... Es hängt vom Grad des taktischen Geschicks ab, das von der Sozialdemokratischen Partei gezeigt wird."[171]

---

168 Blum 1936, S. 513.
169 Blum 1920, S. 141.
170 Zum Parteitag und der Auseinandersetzung über den Revisionismus vgl. Lehnert 1983, S. 92–99; für den Text des Resolutionsentwurfs mitsamt seiner „entschiedensten" Ablehnung des Revisionismus vgl. Dowe / Klotzbach 2004, S. 176–178.
171 Shaw und Wallas zitiert nach Hirsch 1977, S. 7.

Worin, so steht nun also zu Beginn dieser kurzen Bilanz zu fragen, liegen die Gründe für den langfristigen Erfolg der Allianz von liberaler Demokratie und Sozialismus, der aus Sicht der *Fabian Society* von Shaw und Wallas hier so nachdrücklich propagiert wird?

Die Antwort auf diese Frage verweist ihrerseits auf die zwei in der Analyse identifizierten Diskursstränge, die sich allesamt auf das Zusammenspiel von individuellen Handlungsinitiativen und deren struktureller Ermöglichung beziehungsweise Einhegung vollziehen. Der demokratische Sozialismus in Deutschland, wie auch der nicht zum Kommunismus übergelaufene Sozialismus in Frankreich halten mit ihren auf *Ermöglichungen des Politischen* abzielenden Gestaltungsansätzen ein argumentatives Repertoire bereit, das als Ensemble politischer Argumente über die totalitäre Pervertierung der Politik hinausweist. Gerade wegen dieser ihr zur Verfügung stehenden Pluralität anschlussfähiger Ordnungs- und Integrationsmechanismen, die ihrerseits nicht a priori politisch determiniert sind, erfreut sich die Sozialdemokratie – neben dem politischen Liberalismus – in westlichen, industrialisierten Demokratien als einzige politische Bewegung auch zu Beginn des 21. Jahrhunderts noch einer weitestgehend erfolgreichen – sprich: mehrheitsfähigen – Existenz. Ihre immer noch bestehende Mehrheitsfähigkeit verdankt sie einer gegenwartsdiagnostischen Disposition, die, über die Interventionen Eduard Bernsteins und die philosophische Positionierung von Jean Jaurès, liberale politische Theoreme konstruktiv in bereits bestehende sozialistische Heuristiken integriert hat. Je stärker sich der demokratische Sozialismus also dem politischen Liberalismus geöffnet hat, desto stärker und erfolgreicher vermochte er seine eigene politische Position im historischen Diskurshorizont gegen diejenige der Bolschewiki und über diese konkrete Historizität hinaus bis in die Gegenwart hinein zu vertreten.

Die aus dieser Auseinandersetzung resultierende primäre Einsicht, wie sie sich angesichts der historischen Situation eines ins Totalitäre driftenden Kommunismus aufdrängt, mag banal klingen – oder ernüchternd, gar enttäuschend. Allein – sie scheint, wenn man die in diese Auseinandersetzung einfließenden Ideen und Argumente von deutscher wie von französischer Seite gegeneinander abwägt, die einzige Einsicht zu sein, die tatsächlich eine totalitäre Entartung einer eigentlich unter dem Banner der Befreiung und der Emanzipation des Menschen angetretenen politischen Strategie in die radikale Unfreiheit des *Antipolitischen* (Hannah Arendt) zu verhindern vermag. In einen einzigen Satz gefasst lautet diese Einsicht, die als *das* gemeinsame Fundament des hier rekonstruierten Anti-Totalitarismusdiskurses gelten darf, wie folgt: Eine optimale, ultimative Lösung der Konfliktverhältnisse, wie sie für den politischen Raum mitsamt der dort präsenten, ontologisch gemeinten Pluralität und Differenz teleologisch zu-

4.1 Liberaler Sozialismus und Anti-Totalitarismus

gespitzt von den Bolschewiki vorgeschlagen worden ist, wird es nur um den Preis der Freiheit des Menschen selbst geben. Damit negiert der Diskurs über die Möglichkeit eines antitotalitären Sozialismus keineswegs die drückende Notwendigkeit der grundsätzlichen, nachhaltigen Veränderungen einer korrumpierten Ordnung. Nur heißt, verglichen mit dem Kommunismus, die Methode zur Erzeugung solcher Wandlungsprozesse nicht *Revolution*, sondern *Reform*, die ihrerseits nur durch gestaltende Teilhabe auf demokratischer Basis, nicht aber durch gewaltsame Erzwingungspraktiken Fortschritt zu erzeugen vermag. Gestaltende Teilhabe, jene unbedingte Prämisse sozialistischer Reformtätigkeit, ist dann mehr als nur situatives Mittun. Sie erweist sich ob ihrer permanenten, generativen Perpetuierung als ebenso permanente Konkretisierung von Freiheit und damit auch als Realisierung der *Würde* jedes Menschen.

Welche politischen Konsequenzen resultieren aus dieser zentralen, für den Gesamtdiskurs als verbindlich einzustufenden Aussage? Für die Problemlösungskompetenz, für die Gestaltungsmacht, die in modernen, also hochgradig komplexen Gesellschaften immer noch der Politik zugeschrieben wird, obschon fragwürdig ist, ob die Politik als eines von vielen gesellschaftlichen Teilsystemen dieser Anforderung überhaupt noch nachzukommen vermag[172], bleibt ob dieser Einsicht in den *tendenziellen Charakter von Geschichte* (Bernstein) nur eine Möglichkeit, effizient und legitim zu handeln. Nämlich die, wonach Entscheidungen, die dann in ihrer Umsetzung eine neue Realität generieren, immer wieder dahingehend geprüft werden, ob sie die Menschen in die Lage versetzen, die sie und ihr Umfeld betreffenden Probleme und Konflikte konstruktiv zu bewältigen. Das bedeutet aber auch, dass neben dem politischen System der Mensch selbst als politisch qualifizierter Bürger die Gestaltung seines sozialen und politischen Umfeldes verantwortet und damit die bestehenden Institutionen entlastet:

> „Selbstverantwortlichkeit", so hatte Bernstein den Vollzug von Politik einmal umschrieben, „ist bekanntlich nur die eine Seite eines sozialen Prinzips, dessen andere Seite persönliche Freiheit heißt. (...) So widerspruchsvoll es klingen mag, die Idee der Aufhebung der Selbstverantwortlichkeit ist durchaus anti-sozialistisch. Ihre Alternative hieße (...) vollendete Tyrannei oder Auflösung jeder Gesellschaftsordnung."[173]

---

172 Für die Grundzüge des politikwissenschaftlichen Diskurses über die Steuerungskompetenzen der Politik, wie er seit den siebziger Jahren des 20. Jahrhunderts und dann zugespitzt zu Beginn der neunziger Jahre geführt worden ist vgl. affirmativ Mayntz 1997 oder Mayntz / Scharpf 1995, sowie, in kritischer Entgegnung zum Steuerungsoptimismus, Luhmann 1989 und Willke 1987.
173 Bernstein 1897a, S. 141.

Vor dem Hintergrund derartig reflektierter Entscheidungen werden politische Gestaltungsansätze, die nicht mehr den Anspruch erheben können, *endlösungsermöglichend* (Wolf Biermann) zu sein, tendenziell von einer technokratischen Aura des bloßen Vollzugs von Politik befreit. Die Akzentuierung der politischen Initiativkompetenz des Individuums bedeutet aber nicht die Auflösung des politischen Institutionengefüges, also etwa des Staates. Denn das politische System dient nach wie vor als ein Struktur und Ordnung gebendes Gerüst, das seinerseits die Befähigung zu selbstverantwortlicher Problemlösung in ihren Ansätzen und in ihrem Vollzug erst initiiert und garantiert. Politik – und also die Gesamtheit der sie konstituierenden Individuen *und* Institutionen – soll gerade da Hilfestellung leisten, wo die aus der autonomen, selbstverantworteten Handlungsrealität der Menschen resultierenden Freiräume aufgrund der individuellen Handlungsdispositionen der Akteure einander im Konflikt entgegenstehen, sich blockieren oder aus anderen Gründen nicht hinreichend genutzt werden können.

Die Reziprozität, oder, mit Jaurès, die *Versöhnung* von handlungsermöglichenden Grundstrukturen und Ordnungsmechanismen einerseits sowie der zu entfaltenden Initiativkraft des Individuums andererseits als essentielle Dispositionen eines offenen politischen Raumes erkannt und propagiert zu haben, macht die Freiheitskompetenz des demokratischen Sozialismus in Deutschland wie auch in Frankreich aus. Deren Anti-Totalitarismuskompetenz besteht folglich in ihrer heuristischen Perspektive aus Überlegungen hinsichtlich der dauerhaften Funktionsfähigkeit und Funktionsermöglichung eines Interaktionsraumes. Das Bemühen, eine permanente Handhabbarmachung der Freiheit jedes einzelnen Menschen angesichts einer als politischer Gemeinschaft verstandenen gesellschaftlichen Pluralität garantieren zu wollen, verweist mit der Schaffung individueller Freiräume über die teleologische Schließung von Wandel hinaus. Das Streben nach Demokratisierung sowie nach Republikanisierung von Wandel, die zusammengenommen den liberalen Charakter des demokratischen Sozialismus substanziell ausmachen, erreichen damit jene *Quadratur des Kreises*, die einem fluiden, dynamischen Prozess politischer Gestaltung jenes Maß an Stabilität und Perspektivität verleihen, die es braucht, um den beiden im Diskurs immer wieder präsent gemachten Seiten der Politik – also Wandel und Struktur – gerecht zu werden.

Kontingenz und Emergenz komplexer Wandlungsprozesse werden so durch einen konkreten politischen Vollzugsraum, dessen zentrale Aufgabe wiederum in der Herstellung und Vermittlung von Anschlussmöglichkeiten für eine Vielzahl von multiplen politischen Initiativen besteht, tendenziell eingehegt, so dass sich ihre zersetzende Kraft zwar nicht völlig aufhebt, aber doch so stark relativiert, dass die Kohärenz des politischen Raumes intakt bleibt. Die Kohärenz des politischen Raumes ist dabei – und das ist ein wesentliches Unterscheidungskriterium des liberalen beziehungsweise republikanischen zum kommunistischen Sozialismus – jedoch nicht so eng, so stark, dass sich politische Initiativen gleich welcher Provenienz nicht mehr entfalten könnten. Darin wiederum liegt das eigentlich liberale Moment des Sozialismus, strukturelle Einschränkungen – juristisch-institutioneller oder auch ideologischer Art – auf ein Mindestmaß zu beschränken und stattdessen politische Interventionen zu ermöglichen.

4.2 Konsequenzen für eine politische Theorie gesellschaftlichen Wandels

Wenn es im folgenden Kapitel um die theoretischen Implikationen geht, die aus dem Diskurs über den liberalen beziehungsweise republikanischen Sozialismus zeittranszendent und mit Blick auf eine Theorie gesellschaftlichen Wandels abgeleitet werden können, dann bedarf ein solches Vorhaben einiger begleitender Sätze. Wie bereits hervorgehoben, kann auf Grundlage des vorliegenden Materials von Argumenten, wie sie aus der Auseinandersetzung mit dem Kommunismus herrühren, keine kohärente politische Theorie abgeleitet werden. Zwar zirkulieren alle relevanten Aussagen um die – auf *Meta-* wie auf *Mikroebene* – Bedingungen der Ermöglichung von gesellschaftlichem Wandel. Jedoch verbleiben die zentralen Inhalte des Diskurses, die das Politische individuell wie auch institutionell als einen anschlussfähigen, verstetigten Hervorbringungszusammenhang beschreiben, auf dem Niveau von Einzelaussagen über Wandel. Diese stehen in einem lockeren Bezug zueinander, insofern sie durchaus als komplementäre Aussagen verstanden werden können und nur so scheint auch – wegen eben dieser Beschaffenheit des Diskurses – eine gegenwartsdiagnostische Aktualisierung von einzelnen Elementen angebracht zu sein. Im Fokus der folgenden Überlegungen steht damit also die Etablierung von Bezügen zwischen historisch situierten Argumenten einerseits und gegenwärtigen Problemlagen andererseits. Dieses Vorgehen kann Anknüpfungspunkte des historischen Diskurses an die Gegenwart exemplarisch plausibilisieren und damit einen Beitrag zu einem alternativen Verständnis von gesellschaftlichem Wandel – im Sinne einer Perspektiverweiterung – liefern, aus dem sich wiederum neue Konsequenzen für Theorie und Praxis ableiten ließen. Eine kohärente theoretische Erschließung, mithin eine in sich geschlossene Theorie gesellschaftlichen Wandels darf jedoch nicht erwartet werden, allzumal diese auch der offenen, dynamischen Verkettung von Einzelsituationen, die der Diskurs als Basiselemente von Wandel annimmt, nicht gerecht werden würde.

Die zentrale Frage, die sich angesichts der zeittranszendenten Implikationen des Diskurses stellt, muss dann lauten, inwiefern mit den im historisch verorteten Diskurs gegen den Kommunismus präsenten Argumenten auch gegenwartsdiagnostische Bezugnahmen möglich und sinnvoll erscheinen. Wird der liberale beziehungsweise republikanische Sozialismus, so könnte eine hinreichend drängende und zugespitzte Frage lauten, in einer solchen zeittranszendenten Perspektive doch noch einmal zu einer wahren *Obsession der Gegenwart* (Jules Huret[174]) avancieren können?

Gerade Phasen verstärkten gesellschaftlichen Wandels bedürfen der politischen Theorie im Sinne eines unverzichtbaren Orientierungs- und Perspektivierungsangebots. Indem politische Theorie wirklichkeitsentlastet und distanziert Praxis zu reflektieren vermag, ist sie gerade wegen der für aktuelle Gesellschaftsformationen auf vielfältige Weise erfahrbaren Unsicherheit von Bedeutung. Denn die in der Theorie vollzogene Reflexion und Perspektivierung von Problemen vermag konkrete Praxis so zu orientieren, dass etwa der gegenwärtig herrschende soziale, politische und ökonomische Veränderungsdruck überhaupt in eine konstruktive Form von Wandel beziehungsweise Gestaltung münden kann. Dass es offenbar der Neuausrichtung, dass es des Wandels hergebrachter gesellschaftlicher Strukturmuster bedarf, zeigt sich gegenwärtig in Form einer überall spürbaren, wachsenden Empörung angesichts der dritten schweren Wirtschafts- und Finanzkrise innerhalb von nur zehn Jahren. Durch diese Krise wird – für das Selbstverständnis der Politik als in der Selbstwahrnehmung relevanter gesellschaftlicher Einrichtung besonders desaströs – für viele Menschen immer offenkundiger, dass sie als politisch qualifizierte Bürger einer steigenden *Ohnmacht der Politik* gegenüber sowie einer gefühlten *Allmacht der Märkte* ausgeliefert sind. Das aus einer solchen, immer weiter um sich greifenden Realitätswahrnehmung mitsamt der Selbstdiagnose des *Nicht vertreten Seins* ein gravierendes Legitimitätsdefizit der bestehenden Ordnungsmuster westlicher Gesellschaften resultiert, macht das Nachdenken über die Chancen und Grenzen von gesellschaftlichem Wandel auch in der Gegenwart zu einer überaus dringlichen Angelegenheit.

Darüber nämlich, wie angesichts der gegenwärtigen Krisenlage eine Form konstruktiven, also freiheitswahrenden und anschlussfähigen Wandels konkret aussehen könnte, geschweige denn wie dieser politisch gestaltet werden soll, schweigen sich die bislang einschlägigen Publikationen des *kommenden Aufstandes* – trotz mitunter recht martialischer Metaphorik – weitgehend aus.[175] Neues und damit also: Wandel zu schaffen, so das eingängige Postulat von Stéphane Hessel, muss, so wird auch mit Blick auf die demokratischen Kompetenzen des Sozialismus deutlich, nicht unbedingt ausschließlich bedeuten, „Wi-

---

174 Vgl. Huret 1897, S. 3: « Le socialisme – qu'il faudrait définir: la systématisation de la solidarité humaine – est devenu *la préoccupation générale*, presque l'hantise de l'heure présente. » Hervorhebung ML.
175 Vgl. paradigmatisch Hessel 2011a und Unsichtbares Komitee 2010.

4.2 Konsequenzen für eine politische Theorie gesellschaftlichen Wandels 83

derstand zu leisten"[176], allzumal dann nicht, wenn dieser Widerstand als rein obstruktiv gemeinte politische Praxis begriffen wird. Noch wesentlich stärker gilt diese Einschätzung für all diejenigen Praktiken, die durch – wie auch immer legitimierte oder plausibilisierte – Gewalt politische Evolution erzwingen zu können meinen:

> „Ich habe die (...) Überzeugung gewonnen", so schreibt etwa Stéphane Hessel eindringlich, „dass revolutionäre Gewaltakte gegen die bestehende Ordnung keinen geschichtlichen Fortschritt bringen."[177]

Exemplarisch verdeutlichen lässt sich eine dementsprechende, im Diskurs gegen den Kommunismus immer wieder vorgebrachte Einforderung *konstruktiver Politikgestaltung*, die auf einem komplexen, ja geradezu ambivalenten politischen Konzept der permanenten Abwägung zwischen subjektiver Autonomie einerseits und gesamtgesellschaftlicher Solidarität andererseits gründet, am Beispiel der bereits vorgestellten Ideen zur Ermöglichung einer nachhaltigen demokratischen Praxis. Diese wurde von den deutschen wie von den französischen Protagonisten des Diskurses als normativ wie auch ontologisch akzentuierte, zentrale Bedingung menschlicher Existenz in pluralistisch verfassten Gesellschaften begriffen. Welche Implikationen birgt also der in diesem übergreifenden, wenn auch diskurshistorisch nur implizit präsenten Konsens aufscheinende Ruf einer durchgängigen Demokratisierung aller Lebensbereiche?

Die angestrebte, durchgängige Demokratisierung sozialer, politischer und ökonomischer Interaktion bedeutet zunächst in rein praktischer Konsequenz – und das trotz der Akzentuierung repräsentativ-demokratischer Verfahren in den politischen Institutionen – eine feingliedrige und äußerst komplexe Subsidiarisierung aller Bereiche der Gesellschaft. Subsidiär verortete soziale, politische oder auch ökonomische Strukturen, egal ob als Rechtsstruktur im Sinne der Republik oder als anderweitig ausgestaltete politisch-funktionale Erschließungen des gesellschaftlichen Raumes, bedeuten für den antitotalitären Sozialismus politisch legitime *Handlungsermöglichungen*. Diese Sicht auf die gesellschaftliche Verfasstheit und die Möglichkeiten ihrer Gestaltung folgt stringent der im Diskurs dominanten politischen Anthropologie, die in handlungstheoretischer Ausrichtung ein autonomes, sich selbst verpflichtendes Individuum entwirft. Der politisch mündige Bürger wiederum verdankt seine Ausbildung der Einbindung in die politische Gemeinschaft und bleibt so – weil eben auch die politische Bildung als permanent zu erneuernder Prozess verstanden wird – auf die weitere

---

176 Hessel 2011a, S. 21.
177 Hessel 2001b, S. 11.

Nutzung der für seine Emanzipation unabdingbaren Sozialstrukturen angewiesen. Mensch und Struktur bedingen sich demnach gegenseitig.

Der Mensch im antitotalitären Sozialismus wiederum ist zunächst in und für sich einzig, und doch nur durch die Kooperation mit den Vielen das, was er zu sein vermag. Aus dieser mit dem Primat der Demokratisierung verknüpften Anthropologie resultiert die funktionale Notwendigkeit beziehungsweise der eigentliche Zweck oder gar die Seinsberechtigung der politischen Sphäre. Diese existiert nämlich nur solange und ist nur solange *gut* – unabhängig davon, worauf dieses *gut sein* inhaltlich beruht – wie sie es versteht, aus der Verknüpfung des Ichs mit den Anderen immer wieder neu eine Sphäre des Austausches zu kreieren. Die auf einer solchen, nunmehr pluralistischen Anthropologie aufbauende Politik weist damit weit über eine funktional beliebige Machtpolitik oder einen bloßen, technokratischen Vollzug hinaus, denn sie ist – solange sie eben Politik und nicht *Antipolitik* ist – an einen zentralen, sie normativ transzendierenden Auftrag gebunden: Schaffe einen politischen Raum, der die Interaktion der Vielen ermöglicht, ohne dabei den Einzelnen zu vernachlässigen. Man könnte auch formulieren: Ordne den politischen Raum so, dass Pluralität und Differenz gewährleistet sind und ohne dass die politische Ordnung kollabiert. Durch diese Festlegung wird die politische Sphäre – und mit ihr die politischen Institutionen – zu Dienstleistern an der Gemeinschaft bestimmt, der sie selber angehören und über die sie sich aufgrund des Gebots permanenter Integration und Anschlussfähigkeit nicht erheben können beziehungsweise dürfen.

Politik erweist sich damit *per se* als ein dynamischer, als ein veränderbarer Raum, was wiederum zweierlei – mit Blick auf die gegenwärtigen Protestbewegungen – bedeuten kann. Veränderung ist grundsätzlich möglich, sie ist integraler, ontologischer Bestandteil des Politischen. Daraus wiederum folgt, dass nicht nur die Artikulation von Empörung legitim ist, auch der an die Empörung anschließende Versuch des Durchsetzens von Veränderung ist legitim. Die Bezugnahme auf den Demokratisierungsanspruch, wie er im historischen Diskurs formuliert wird, eröffnet also eine Perspektive auf Protest, die diese nicht als Störung des Normalbetriebs, sondern als notwendiges Korrektiv und Innovationspotenzial im Politischen Raum begreift.

Die Politik als Institutionengefüge wiederum verfolgt damit angesichts permanenter Wandlungsprozesse ein kontinuierliches Ziel, jedoch kein entelechetisches oder hinsichtlich der Politikinhalte konkretisierbares, das durch einen radikalen Bruch mit allem Bestehenden, also durch die gezielte Herbeiführung einer Diskontinuität, *ad hoc* erreichbar wäre. Demokratischer Wandel gründet somit auf der Idee der größtmöglichen Integration aller Individuen, also etwa auf

4.2 Konsequenzen für eine politische Theorie gesellschaftlichen Wandels 85

dem, was Jaurès *unité finale* nannte[178], ohne dass diese *unité finale* allerdings jemals würde erreicht werden können. Denn die *unité finale* des antitotalitären Sozialismus erweist sich als eine lebendige Idee, die auf ein Ziel hindeutet, das es immer wieder neu, kontinuierlich und also immanent zu erreichen gilt. Sie zielt auf die permanente und damit auf die unendliche Ermöglichung eines freiheitlichen politischen Prozesses, der seinerseits wiederum als kontinuierliche Versöhnung des Einzelnen mit seiner sozialen Umgebungsstruktur durch permanente Innovations- und Korrekturbemühungen nur eine mögliche Realisierung der Potenzialität des Politischen darstellt. Denn eine „Schablone" für die Entwicklung von Geschichte, das hatte Bernstein schon zu Beginn seiner Artikelserie *Probleme des Sozialismus* klargestellt, gibt es nicht: Geschichte nämlich „kennt nur Tendenzen"[179].

Mit diesem Auftrag an die Politik, Gemeinschaft in Gesellschaft zu ermöglichen und Pluralität und Differenz sowie Gleichheit zueinander zu vermitteln, verbindet sich noch eine ganz andere, aber nicht minder interessante Leistung, die die Argumentationsmuster des liberalen beziehungsweise republikanischen Sozialismus erbringen, nämlich eine alternative Ausrichtung politiktheoretischer Heuristik. Durch den im Diskurs latent präsenten Verweis auf die permanente Reziprozität von individueller wie kollektiver Ebene gesellschaftlichen Seins sowie deren existenziell gemeinte Verknüpfung rückt der Fokus politischer Theorie weg von Fragen inhaltlicher Art, die auf die vermeintlich *tatsächliche* Beschaffenheit politischer Sachverhalte abzielen. Stattdessen rücken Fragen nach dem praktischen Vollzug von Politik in den Mittelpunkt des Interesses. Anstelle der *Was?-Fragen* geht es vielmehr um die *Wie?-Fragen*, anstelle der oben bereits erwähnten statischen *Welterklärung* geht es um dynamische *Weltermöglichung*. Dass sich analytische Strategien mit Blick auf die praktische Gestaltbarkeit des politischen Raumes natürlich auch eines Begriffsapparates bedienen, um die Welt, deren Funktionieren sie verstehen wollen, benennen zu können, versteht sich dabei von selbst. Im Unterschied zu *Welterklärungsansätzen* sind sich jedoch diese auf *Weltermöglichung* ausgerichteten Strategien der Perspektivität – und damit der Kontingenz sowie der Austauschbarkeit – ihres Vokabulars bewusst. Die diagnostische Reichweite und mit ihr die Behauptung einer alleinigen Aussagefähigkeit von epistemologischen Analysekonzepten, wie etwa dem Idealismus oder dem Materialismus, dem Pluralismus oder dem Korporatismus oder auch die Vernachlässigung von Mikro- und Makrointerdependenzen wird so mit Blick auf das, was sich als Politik vollzieht, in Zweifel gezogen. Diese metatheoretischen Implikation, die sich aus dem prinzipiellen politiktheoretischen Gehalt

---

178   Vgl. Jaurès 1891; vgl. hierzu erläuternd Lemke 2006, S. 87f.
179   Bernstein 1897b, S. 776.

des Diskurses gegen die *revolutionäre Ungeduld* ableiten lassen, weisen gleichsam wieder über seine ideengeschichtliche Einbettung hinaus.

Hierzu muss noch einmal explizit betont werden, dass der Versuch einer Antwort, gerade wenn diese Bezug auf exemplarische Fallbeispiele nimmt, nicht etwa parteipolitisch, sondern nur politiktheoretisch akzentuiert sein kann. Denn im Zentrum der Überlegungen stehen prognostische Erwägungen hinsichtlich der politisch-funktionalen Gültigkeit bestimmter Strategien in der politischen Praxis. Mithin sind also parteipolitische Erwägungen nachgerade irrelevant, es geht um die Sache. Und da sieht es nicht gut aus, zumal auch heute noch gilt was George F. Kennan kurz nach dem Zweiten Weltkrieg als dunkle Ahnung umtrieb, nämlich dass in jedem von uns *ein Stück totalitärer Mensch* stecke, ein Mensch also, der zwar in den ihm gegebenen Strukturen funktioniert, ansonsten jedoch gleichgültig der Welt gegenübersteht. Ein Mensch, der zu arbeiten und herzustellen, jedoch nicht mehr zu handeln vermag[180] und der sich, wenn nicht in einer *Post-*, dann doch zumindest in einer *Placebodemokratie* bewegt.[181] Angesichts solch trüber Aussichten, die sich im Übrigen auch mit der bereits erwähnten Diagnose Dahrendorfs decken, mag eine Antwort dann gelingen, wenn dabei die wesentlichen politischen Implikationen der beiden Dimensionen des Diskurses – also die hinsichtlich der Strukturen und die hinsichtlich des Menschen im Prozess des Wandels – nicht aus dem Blickfeld geraten.

Wenn es – so könnte eine erste Annäherung gelingen – einen Begriff gibt, der dem bereits erörterten funktionalen wie politischen Gehalt der Diskursdimensionen diametral entgegensteht, dann ist das der Begriff des *Schicksals*. Der liberale beziehungsweise republikanische Sozialismus begründet nämlich seinerseits ein Politikverständnis, in dem der Vollzug politischer Praxis wie auch der von Geschichte überhaupt nicht mehr *bloß Schicksal* (Sven Papcke), sondern Auftrag zur Gestaltung ist. Politik rückt in den Einflussbereich des eigenen Handelns, Politik wird endogen erfahr- und machbar, sie erweist sich damit als das Gegenteil von Apathie oder eben *Schicksal*.

Diese Feststellung, wonach die im konkreten historischen Diskurs formulierten Vollzugsprinzipien politischer Praxis den Menschen und mit ihm das Politische aus den *Klauen des Schicksals* befreien sollen, ist mit Blick auf die gegenwartsdiagnostische Ausrichtung des Diskurses so relevant, weil das Schicksal – also aus Sicht des Einzelnen die gleichgültige Hinnahme dessen was kommt – aktuell eine beängstigende Renaissance erlebt.

---

180 Arendt 2001, dort zu den Handlungsbegriffen die Kapitel 3-5.
181 Zum Theorem der zunehmenden Demokratieentfremdung in westlichen Industriestaaten im Zeitalter der *Postdemokratie* vgl. Crouch 2008; den Begriff der *Placebodemokratie*, der noch stärker den Tatbestand des – gezielten – Vorspiegelns eigentlich bereits inhaltsleerer demokratischer Praktiken akzentuiert, verdanke ich einer Diskussion mit Claudia Ritzi.

4.2 Konsequenzen für eine politische Theorie gesellschaftlichen Wandels

In der historisch-politischen Nomenklatur findet sich unter der Bezeichnung *Vorsehung* ein dem Konzept von *Schicksal* sehr ähnlicher Begriff, der die politischen Gefährdungen durch *Schicksalsergebenheit* zu verdeutlichen vermag. Nimmt man die ominöse *Idee der Vorsehung* als die klammheimlich und im Unsichtbaren wirkende Hand einer vom Menschen nicht beeinflussbaren Macht, als die sie so oft bemüht wird, dann offenbart sich mit der in ihr präsenten Apathie und Handlungsentlastung gleichsam der zutiefst despotischer Charakter einer Politik, die bloß noch passiert. Aus der strategisch gemeinten Vermischung von Vorsehung als einer Art Religionssubstitut oder, profaner formuliert: Ideologie einerseits und politischem Gestaltungsanspruch andererseits resultiert dann eine jeglichem argumentativen Zugriff entzogene, quasi universelle Rechtfertigungsstrategie totalitärer Herrschaft. Das Beispiel Hitlers, für den der Begriff der *Vorsehung* auch hinsichtlich der Stilisierung seiner eigenen Auserwähltheit von so immens großer Bedeutung war, hat dies auf drastische Weise verdeutlicht. Noch dazu hielte mit der *Vorsehung* eine Größe in die Politik Einzug, die so etwas wie *die Möglichkeit letztgültiger Gewissheit* postuliert.

Aus der Perspektive einer sich als freiheitlich begreifenden Politik, wie sie sich unter Rückgriff auf die im konkreten historischen Diskurs angelegten Argumentationsmuster zur *Weltermöglichung* ableiten lässt, ergibt sich hier, wo Teilhabe schlichtweg nicht mehr erforderlich ist, eine Chance zu intervenieren. Diese Intervention folgt dann einer doppelten Strategie, insofern sie nicht nur die Emanzipation und, daran gebunden, die politische Aktivierung des Bürgers propagiert und praktiziert, sondern indem Geschichte selbst durch den permanenten Prozess der Einmischung gestaltete und nicht mehr schicksalhafte Handlungsrealität zu sein verspricht. Gerade weil es keine vollkommene Ordnung, keine letzte Gewissheit und kein letztgültiges Wissen geben kann, bleibt zur Vereinbarung der beiden politisch relevanten Seinsdimensionen, also des Menschen und seiner Geschichte, in einem permanent sich adaptierenden Verantwortungsgefüge keine Alternative.

Neben dieser individuellen Dimension *politischer Apathie* erscheint auch die globale Lage, wie sie sich in der *Post-9/11-* sowie der *Post-Lehman-Ära* zeigt, hinsichtlich der Chancen teilnehmender Gestaltung als wenig rosig. Angesichts einer beständigen Verschärfung politischer wie ökonomischer Problemlagen, die gegenwärtig geradezu rhythmisch die Welt beschäftigen, stellt sich vehement die Frage nach der Reaktion auf diese Verwerfungen, eine Reaktion, die hoffentlich frei sein wird von jenem

„Drang mit Beilen und Messern / die Welt zu verändern und zu verbessern (...)".[182]

---

182 Weiss 1967, 2. Akt, Epilog.

Denn wie schon für Jean Paul Marat letztlich der Weg zur – vermeintlichen – Freiheit vor einem Berg von Leichen endete, dessen Anhäufung er selbst zu verantworten hatte, so besteht auch für die gegenwärtigen Strategien und Paradigmen der diversen Protestbewegungen, die sich gegenwärtig national wie international engagieren, die Gefahr, Marats Schicksal zu teilen. Politisch motivierte Gewalt und Terror oder sonstige Erzwingungsmaßnahmen, so gilt es für die Protest- wie Unabhängigkeitsbewegungen zu erinnern, sind niemals dem Fortschritt förderliche Strategien, weder kurz- noch langfristig und egal von welcher Seite und aus welchen Motiven. Diese zentrale politische Einsicht spiegelt eines der am häufigsten wiederkehrenden Argumente im politiktheoretischen Kernbereich des liberalen beziehungsweise republikanischen Sozialismus wider. Mit Blick auf die mannigfaltigen Protestbewegungen, seien es etwa die, die in den Nordafrikanischen Staaten den sogenannten *arabischen Frühling* eingeläutet haben, oder seien es jene, die unter dem Label *Occupy Wallstreet* ihre Besetzung globaler Finanzzentren mit dem Hinweis auf die eigene strukturelle Mehrheitsposition (*"We are the 99 percent."*) rechtfertigen, bleibt nur die Empfehlung, sich auf einen langwierigen Wandlungsprozess einzustellen, im Rahmen des Protestes die permanente Ermöglichung von Teilhabe im Auge zu behalten und sich nicht auf *Welterklärungsfragen* einzulassen.

Demokratie als politische Mitbestimmung sowie die Republik als ihr struktureller Rahmen, diese simple politisch-programmatische Erkenntnis formulieren die Sozialismusentwürfe von Blum und Bernstein, von Jaurès und Kautsky, ist in der Summe all ihrer komplementären Bedingungen die existenziellen Grundbedingung einer freiheitlichen politischen Ordnung. Sie stellt die permanente Seinsentfaltung des Menschen durch den Menschen in den Mittelpunkt. Dabei muss, um zu einer konstruktiven und authentischen Praxis jenseits der Zementierung von sozialer Ungleichheit zu gelangen, die Macht im Staat so von unten, von der Basis gewachsen und austariert sein, dass kein Akteur je eine Stellung zu erreichen vermag, aus der heraus er alle anderen dominieren kann.

Staatlichkeit als binnenpluralistischer Handlungszusammenhang kann also gelingen, wenn zwischen den staatlichen Institutionen und dem Bürger eine permanente Wechselbeziehung etabliert und fortgeführt wird, die als dialogischer Prozess Wert- und Orientierungsvorstellungen sowie Ordnungsmodelle generiert, die dann ihrerseits wiederum Freiheit ermöglichen, und so weiter. Freiheit ist damit kein beliebig implantierbarer Funktionsbegriff, sondern muss immer wieder neu von den beteiligten Akteuren erkämpft werden.

Dies gilt im Übrigen nicht nur für die Politik, sondern auch für die Ökonomie, die als vom Menschen gemachte Struktur den Menschen als ihren Träger gerade wegen seiner Veranlagung zur Freiheit nicht zu einem unter Wirtschafts- und Effizienzkriterien kalkulierbaren Gut degradieren darf. Wenn das doch pas-

4.2 Konsequenzen für eine politische Theorie gesellschaftlichen Wandels 89

siert, dann darf solcherlei neoliberal inspiriertes Verkommen der Ökonomie[183] zu struktureller Ungleichheit, die in der Verdinglichung des Menschen dessen generative Freiheitsfähigkeit aufhebt, zu Recht auch als *libéralisme totalitaire* (Viviane Forrester)[184] ausgedeutet werden. Denn eine derartige ökonomische Ordnung droht dann potenziell genauso viele „Ruinen und Flüche"[185] zu hinterlassen, wie das der Bolschewismus getan hat, mit dem sie dann als freiheitsverachtende Unterdrückungslogik qualitativ auf einer Stufe steht. Die politische Konsequenz aus dieser Entwicklung, nämlich ein *abgemagerter Staat* (Erhard Eppler)[186], in dem der auf eine Ware reduzierte *Standortfaktor Mensch* in sein Los gezwungen wird, scheint angesichts immer weitreichenderer ökonomischer Rationalisierungstendenzen und angesichts des vermeintlich so unumstößlichen Primats der Effizienzsteigerung dann nicht nur unausweichlich, sondern auch konsequent. Allerdings: Im Hinblick auf die Freiheitlichkeit menschlichen Seins und die Legitimierung von Staatlichkeit, die ja seit der Aufklärung gerade den Menschen in seiner Integrität, in seiner Würde zu schützen verspricht, ist dies keine Heils-vorstellung mehr, sondern eine Katastrophe.

Und so wird angesichts der hier nur exemplarisch identifizierbaren Krisensymptome der westlichen Postmoderne durchaus deutlich, dass die optimistische Handlungsorientierung des liberalen beziehungsweise republikanischen Sozialismus, wie er in Frankreich und Deutschland mehr parallel als kooperativ, dafür aber mit sehr ähnlichen Ergebnissen entwickelt und erprobt worden ist, mitnichten an sein *historisches Ende* (Norman Birnbaum)[187] gekommen ist. Er hat – im Gegenteil – nicht nur Gehör verdient, sondern darf auch sehr selbstbewusst Anspruch darauf erheben, als eminent wichtiges heuristisches Instrumentarium *konstruktiver Weltermöglichung* praktischen Eingang in die dynamische Sphäre der Politik zu finden. Es bleibt der Befund, dass eine politische Theorie gesellschaftlichen Wandels, ausgehend von den hier entwickelten Argumenten des Diskurses und im Zusammenspiel von liberaler Individualität und sozialistischer Gemeinschaft, diesen Wandel dann als langwierige, graduelle und nicht zuletzt vielgestaltige Verkettung von Einzelereignissen begreifen wird. Diese Verkettung von Einzelereignissen ist jedoch trotz all ihrer Tendenzialität als durchaus gestaltbare, zumindest aber veränderbare und damit offene Vollzugsform von

---

183 Vgl. hierzu die systematische, historische Studie von Klein 2008 über die *Chicago-School* und deren – verheerende – globale Wirkungsgeschichte.
184 Vgl. Forrester 1997.
185 Kautsky 1921, S. 125
186 Vgl. Eppler 2006.
187 Vgl. hierzu die pessimistische Perspektive von Birnbaum 2003. Die – angesichts der hier aufgezeigten Ergebnisse zumindest in diesem Aspekt fragwürdige – Analyse Birnbaums hinsichtlich der Zukunft der Sozialdemokratie als eigenständige politische Kraft erscheint sehr negativ: Es gibt keine.

Wandel zu begreifen. Eine Form gesellschaftlichen Wandels, die noch dazu nie an ihr historisches Ende kommen wird und also *antiteleologisch* konzipiert ist, mag dann doch – mit Blick auf die Wandlungsfähigkeit *von* Demokratie *durch* Demokratie ganz allgemein – hoffnungsfroh stimmen.

5 Literatur

Arendt, Hannah, 1955: Elemente und Ursprünge totaler Herrschaft, Frankfurt/Main.
Arendt, Hannah, 1993: Was ist Politik? Fragmente aus dem Nachlass, herausgegeben von Ursula Ludz, München / Zürich.
Arendt, Hannah, 1998: Macht und Gewalt. Aus dem Englischen von Gisela Uellenberg. 13. Auflage, München / Zürich.
Arendt, Hannah, 2001: Vita activa oder Vom tätigen Leben. 12., ungekürzte Auflage, München.
Aron, Raymond, 1972: Le Marxisme-Léninisme et la Légitimité Politique, in: Adolf Arndt / Horst Ehmke / Iring Fetscher / Otwin Massing (Hg.): Konkretionen poltiischer Theorie und Praxis. Festschrift für Carlo Schmid zum 75. Geburtstag am 3. Dezember 1971, S. 81–88.
Becker, Jean-Jacques / Candar, Gilles (Hg.), 2004: Histoire des Gauches en France. 2 Bände (1, L'héritage du XIXe siècle; 2, XXe siècle: à l'épreuve de l'histoire), Paris.
Beer, Max, 1918: Jean Jaurès. Staatsmann und Sozialist, Berlin.
Bergounioux, Alain / Manin, Bernard, 1979: La social-démocratie ou le compromis, Paris.
Bernstein, Eduard, 1897a: Probleme des Sozialismus. Die sozialpolitische Bedeutung von Raum und Zahl, in: Die Neue Zeit, Jg. 15.2, H. 31, S. 138–143.
Bernstein, Eduard, 1897b: Probleme des Sozialismus. Die neuere Entwicklung der Agrarverhältnisse in England, in: Die Neue Zeit, Jg. 15.1, H. 25, S. 772–783.
Bernstein, Eduard, 1897c: Brief an Karl Kautsky vom 26.8.1897 (Nr. 643), in: Till Schelz-Brandenburg (Hg.), Eduard Bernsteins Briefwechsel mit Karl Kautsky 1895-1905, Frankfurt/Main, S. 451–455.
Bernstein, Eduard, 1897d: Die Menge und das Verbrechen, in: Die Neue Zeit, Jg. 16.1, H. 8, S. 229–237.
Bernstein, Eduard, 1898a: Der Kampf der Sozialdemokratie und die Revolution der Gesellschaft. Die Zusammenbruchs-Theorie und die Kolonialpolitik (2), in: Die Neue Zeit, Jg. 16.1, H. 18, S. 548–557.
Bernstein, Eduard, 1898b: Probleme des Sozialismus. Das realistische und das ideologische Moment im Sozialismus, in: Die Neue Zeit, Jg. 16.2, H. 39, S. 388–395.
Bernstein, Eduard, 1898c: Erklärung, in: Vorwärts, 8.2.1898, 1. Beilage.
Bernstein, Eduard, 1898d: Brief an Karl Kautsky vom 20.2.1898 (Nr. 669), in: Till Schelz-Brandenburg (Hg.), Eduard Bernsteins Briefwechsel mit Karl Kautsky 1895–1905, Frankfurt/Main, S. 557–567.
Bernstein, Eduard, 1898e: Brief an Karl Kautsky nach dem 19. und vor dem 26.7.1898, zusammen mit Regine Bernstein (Nr. 709), in: Till Schelz-Brandenburg (Hg.), Edu-

ard Bernsteins Briefwechsel mit Karl Kautsky 1895–1905, Frankfurt/Main, S. 698–705.
Bernstein, Eduard, 1899a: Die Voraussetzungen des Sozialismus und die Aufgaben der Sozialdemokratie, Berlin / Bonn Bad-Godesberg.
Bernstein, Eduard, 1899b: Brief an Karl Kautsky vom 16.2.1899, Nachschrift Regina Bernstein (Nr. 753), in: Till Schelz-Brandenburg (Hg.), Eduard Bernsteins Briefwechsel mit Karl Kautsky 1895–1905, Frankfurt/Main, S. 860–865.
Bernstein, Eduard, 1909: Der Revisionismus in der Sozialdemokratie, in: Helmut Hirsch (Hg.), Eduard Bernstein. Ein revisionistisches Sozialismusbild. Drei Vorträge, Berlin / Bonn Bad-Godesberg, S. 91–135.
Bernstein, Eduard, 1918: Was ist Sozialismus? Vortrag gehalten am Sonnabend den 28. Dezember 1918 im großen Saal der ‚Philharmonie', Berlin, Berlin.
Birnbaum, Norman, 2003: Nach dem Fortschritt. Vorletzte Anmerkungen zum Sozialismus, Stuttgart.
Blum, Léon, 1917: L'Idée d'une Biographie de Jaurès. Conférence prononcée le 31 Juillet 1917 au Palais des Fêtes, rue Saint-Martin à Paris, in: L'Œuvre de Léon Blum. Band 3.1, Paris, S. 3–21.
Blum, Léon, 1920: Pour la Vieille Maison. Discours prononcé au XVIIIe congrès du SFIO à Tours, 27.12.1920, in: L'Œuvre de Léon Blum, Bd. 3.1, Paris, S. 137–160.
Blum, Léon, 1922: Controverse sur la dictature. Le Populaire du 27 juillet 1922, in: L'Œuvre de Léon Blum, Bd. 3.1, Paris, S. 245–252.
Blum, Léon, 1936: La réforme gouvernementale, Paris.
Blum, Léon, 2003: Garder la Vieille Maison (Rede auf dem Parteitag in Tours am 29.12.1920), in: Denis Lefebvre (Hg.), Léon Blum. Textes socialistes 1919–1920, Paris, S. 59–116.
Burnier, Michel-Antoine, 2003: Que le Parti socialiste ose paraître ce qu'il est, in: Libération, 16.5.2003, S. 10.
Canto-Sperber, Monique, 2003: Les règles de la liberté, Paris.
Canto-Sperber, Monique / Urbinati, Nadia, 2003: Le socialisme libéral. Une anthologie: Europe – États-Unis, Paris.
Crouch, Colin, 2008: Postdemokratie. Aus dem Englischen von Nikolaus Gramm, Frankfurt/Main.
Dahrendorf, Ralf, 2006: Versuchungen der Unfreiheit. Die Intellektuellen in Zeiten der Prüfung, München.
Demirovic, Alex, 2007: Politische Gesellschaft – zivile Gesellschaft. Zur Theorie des integralen Staates bei Antonio Gramsci, in: Sonja Buckel / Andreas Fischer-Lescano (Hg.), Hegemonie gepanzert mit Zwang. Zivilgesellschaft und Politik im Staatsverständnis Antonio Gramscis, Baden-Baden, S. 21–41.
Dowe, Dieter / Klotzbach, Kurt, 2004: Programmatische Dokumente der deutschen Sozialdemokratie. Mit den aktuellen Programmentwürfen im Anhang. 4., überarbeitete und aktualisierte Auflage, Bonn.
Droz, Jacques, 1997: La social-démocratie allemande (1875-1914), in: Ders. (Hg.), Histoire générale du socialisme. De 1875 à 1918. Bd. 2, Paris, S. 12–72.
Engels, Jens Ivo, 2007: Kleine Geschichte der dritten französischen Republik (1870–1940), Köln.

Eppler, Erhard, 2006: Auslaufmodell Staat?, Frankfurt/Main.
Etzioni, Amitai, 1997: Die Verantwortungsgesellschaft. Individualismus und Moral in der heutigen Gesellschaft, Frankfurt/Main.
Euchner, Walter: 1997: Die Herausbildung des Konzepts „Demokratischer Sozialismus", in: Herfried Münkler (Hg.), Die Chancen der Freiheit. Grundprobleme der Demokratie, München / Zürich.
Fetscher, Iring, 1972: Jean Jaurès (1859–1914). Der republikanische Humanist und Sozialist, in: Adolf Arndt / Horst Ehmke / Iring Fetscher / Otwin Massing (Hg.), Konkretionen politischer Theorie und Praxis. Festschrift für Carlo Schmid zum 75. Geburtstag am 3. Dezember 1971, S. 62–80.
Fetscher, Iring, 1973: Demokratie zwischen Sozialdemokratie und Sozialismus, Stuttgart u.a.
Forrester, Viviane, 1997: Der Terror der Ökonomie, Wien.
Foucault, Michel, 1991: Die Ordnung des Diskurses, Frankfurt/Main.
Fuchs, Günther / Scholze, Udo / Zimmermann, Detlev, 2004: Werden und Vergehen einer Demokratie. Frankreichs Dritte Republik in neun Porträts: Léon Gambetta, Jules Ferry, Jean Jaurès, Georges Clemenceau, Aristide Briand, Léon Blum, Edouard Daladier, Philippe Pétain, Charles de Gaulle, Leipzig.
Gay, Peter, 1962: The dilemma of democratic socialism. Eduard Benstein and the challenge to Marx, New York.
Gerhardt, Volker, 1995: Immanuel Kants Entwurf „Zum ewigen Frieden". Eine politische Theorie, Darmstadt.
Göhler, Gerhard, 2004: Macht, in: Ders. / Matthias Iser / Ina Kerner (Hg.), Politische Theorie. 22 umkämpfte Begriffe zur Einführung, Wiesbaden, S. 244–261.
Goldmann, Lucien, 1974: Vorwort, in: Jean Jaurès: Die Ursprünge des Sozialismus in Deutschland. Luther, Kant, Fichte, Hegel, Frankfurt/M./Berlin/Wien, S. 7–20.
Grass, Günter, 1987: Aus dem Tagebuch einer Schnecke, Werke Band IV, Darmstadt / Neuwied.
Greven, Michael Thomas, 1993: Hannah Arendt – Pluralität und die Gründung der Freiheit, in: Peter Kemper (Hg.), Die Zukunft des Politischen. Ausblicke auf Hannah Arendt, Frankfurt/M., S. 69–96.
Groh, Dieter, 1989: Jean Jaurès und die deutsche Sozialdemokratie, in: Ulrike Brummert (Hg.), Jean Jaurès. Frankreich, Deutschland und die Zweite Internationale am Vorabend des Ersten Weltkrieges, Tübingen, S. 1–17.
Hamon, Léo, 1976: Socialisme et pluralités, Paris.
Hessel, Stéphane, 2011a: Empört Euch!, Berlin.
Hessel, Stéphane, 2011b: Engagiert Euch! Stéphane Hessel im Gespräch mit Gilles Vanderpooten, Berlin.
Hillquit, Morris, 1911: Der Sozialismus, seine Theorie und Praxis. Übersetzt von Adolf Hepner, München.
Hirsch, Helmut, 1977: Der „Fabier" Eduard Bernstein. Zur Entwicklungsgeschichte des evolutionären Sozialismus. Mit einem Geleitwort von Bruno Neurath, Berlin / Bonn Bad Godesberg (=Internationale Bibliothek, Band 104).
Huret, Jules, 1897: Enquête sur la question sociale en Europe. Préface de MM. Jean Jaurès et Paul Deschanel, Paris.

Jäger, Margarete / Jäger, Siegfried, 2007: Deutungskämpfe. Theorie und Praxis kritischer Diskursanalyse, Wiesbaden.
Jaurès, Jean, 1891: De la réalité du monde sensible. Thèse présentée à la faculté des lettres de Paris par Jean Jaurès, ancien élève de l'école normale supérieure, chargé du cours de philosophie à la faculté des lettres de Toulouse, Paris.
Jaurès, Jean, 1892: Discours à la Jeunesse, Toulouse, in: L'Office Universitaire de la Recherche Socialiste (OURS), 30.09.2011, http://www.lours.org/default.asp?pid=102.
Jaurès, Jean, 1901: L'action ouvrière, in: La petite République, 15.1.1901.
Jaurès, Jean, 1902: Aus Theorie und Praxis. Socialistische Studien, Berlin.
Jaurès, Jean, 1908: Conclusion. Le bilan du XIXe siècle, in: John Labusquière, La Troisième République (1871-1900). Histoire Socialiste (1789–1900) sous la Direction de Jean Jaurès, Bd. XII, Paris, S. 307–312.
Jaurès, Jean, 1912: Sozialistische Studien, Berlin.
Jaurès, Jean, 1922: République et socialisme. Réponse à la déclaration du cabinet Dupuy, séance de la Chambre des Députés du 21 novembre 1893, in: Ders., Pages choisies de Jean Jaurès. Précédées d'une introduction de Paul Desanges et Luc Mériga, Paris, S. 313–328.
Jaurès, Jean, 1927a: Histoire Socialiste de la Révolution Française. Bd. 1: La Constituante, Paris.
Jaurès, Jean, 1927b: Histoire Socialiste de la Révolution Française. Bd. 4: La République, Paris.
Jaurès, Jean, 1974: Die Ursprünge des Sozialismus in Deutschland. Luther, Kant, Fichte, Hegel. Mit einem Vorwort von Lucien Goldmann, Frankfurt/Main / Berlin / Wien.
Kant, Immanuel, 1964: Zum ewigen Frieden. Ein philosophischer Entwurf (EA 1795), in: Ders.: Werke in zwölf Bänden. Schriften zur Anthropologie, Geschichtsphilosophie, Politik und Pädagogik (Bd. XI), Frankfurt/Main, S. 191–251.
Kautsky, Karl, o.J.: Gegen die Diktatur, Berlin.
Kautsky, Karl, 1898: Brief an Eduard Bernstein vom 18.2.1898 (Nr. 668), in: Till Schelz-Brandenburg (Hg.), Eduard Bernsteins Briefwechsel mit Karl Kautsky 1895–1905, Frankfurt/Main, S. 548–556.
Kautsky, Karl, 1919a: Die Diktatur des Proletariats, Wien.
Kautsky, Karl, 1919b: Terrorismus und Kommunismus. Ein Beitrag zur Naturgeschichte der Revolution, Berlin.
Kautsky, Karl, 1921: Von der Demokratie zur Staatssklaverei. Eine Auseinandersetzung mit Trotzki, Berlin.
Kautsky, Karl / Schönlank, Bruno, o.J.: Grundsätze und Forderungen der Sozialdemokratie. Erläuterungen zum Erfurter Programm, Berlin.
Kergoat, Jacques, 1997: Histoire du parti socialiste, Paris.
Klein, Naomi, 2008: Die Schock-Strategie. Der Aufstieg des Katastrophen-Kapitalismus, Frankfurt/Main.
Kriegel, Annie, 1964: Le Congrès de Tours (1920). Naissance du Parti Communiste Français, Paris.
Laclau, Ernesto / Mouffe, Chantal, 2006: Hegemonie und radikale Demokratie. Zur Dekonstruktion des Marxismus. 3. Auflage, Wien.

5 Literatur

Lehnert, Detlef, 1983: Sozialdemokratie zwischen Protestbewegung und Regierungspartei 1848–1983, Frankfurt/Main.
Lemke, Matthias, 2003: Ordnung und sozialer Fortschritt. Zur gegenwartsdiagnostischen Relevanz der politischen Soziologie von Henri de Saint-Simon, Münster / Berlin / London.
Lemke, Matthias, 2006: Talking about a revolution. Democratic socialism and ist discussion of social transformation, in: Gerhard Besier / Katarzyna Stokłosa (Hg.), Fascism, Communism and the Consolidation of Democracy, Berlin, S. 83–94.
Lemke, Matthias, 2008: Republikanischer Sozialismus. Positionen von Bernstein, Kautsky, Jaurès und Blum, Frankfurt/Main / New York (Zugl. Vechta / Paris, Univ.-Diss., 2007).
Lietzmann, Hans J., 2002: Europäische Verfassungspolitik. Die politische Kultur des „Verfassungsstaates" und die Integration der Europäischen Union, in: Hans Vorländer (Hg.), Integration durch Verfassung, Wiesbaden, S. 291–313.
Locke, John, 1998: Zwei Abhandlungen über die Regierung. Herausgegeben und eingeleitet von Walter Euchner, Frankfurt/Main.
Luhmann, Niklas, 1989: Die Wirtschaft der Gesellschaft. 2. Auflage, Frankfurt/Main.
Martinsen, Renate, 2006: Demokratie und Diskurs. Organisierte Kommunikationsprozesse in der Wissensgesellschaft, Baden-Baden.
Marx, Karl, 1852: Marx an Joseph Weydemeyer in New York, 3.5.1852, in: Karl Marx Friedrich Engels Werke (MEW), Bd. 28, S. 503–509.
Mayntz, Renate, 1997: Soziale Dynamik und politische Steuerung. Theoretische und methodologische Überlegungen, Frankfurt/Main / New York.
Mayntz, Renate / Scharpf, Fritz W., 1995: Steuerung und Selbstorganisation in staatsnahen Sektoren, in: Dies., Gesellschaftliche Selbstregulierung und politische Steuerung, Frankfurt/Main, S. 9–38.
Meyer, Thomas, 1977: Bernsteins konstruktiver Sozialismus. Eduard Bernsteins Beitrag zur Theorie des Sozialismus, Bonn Bad-Godesberg.
Miller, Susanne, 2004: Über Reformer, Traditionalisten und Modernisierer, in: Die Neue Gesellschaft – Frankfurter Hefte, H. 7+8, S. 71–77.
Montesquieu, Charles de, 1992: Vom Geist der Gesetze. 2 Bände. 2. Auflage, Tübingen.
Mouffe, Chantal, 2007: Über das Politische. Wider die kosmopolitische Illusion. Aus dem Englischen von Niels Neumeier, Frankfurt/Main.
Ohne Namen, 1946: Sozialistische Dokumente. Das Erfurter Programm. Veröffentlicht unter Zulass.-Nr. US-W-2033 der Nachrichtenkontrolle der Militär-Reg., Offenbach/Main.
Papcke, Sven, 1973: Progressive Gewalt. Studien zum sozialen Widerstandsrecht, Frankfurt/Main (Zugl. Bochum, Univ.-Diss., 1972).
Papcke, Sven, 1979: Der Revisionismusstreit und die politische Theorie der Reform. Fragen und Vergleiche, Stuttgart / Berlin / Köln / Mainz.
Pitkin, Hanna F., 1972: Wittgenstein and Justice, Berkeley.
Popper, Karl Raimund, 1970: Die offene Gesellschaft und ihre Feinde. Falsche Propheten: Hegel, Marx und die Folgen, Bern.

Proudhon, Pierre-Joseph, 1969: Bekenntnisse eines Revolutionärs um zur Geschichtsschreibung der Februarrevolution beizutragen. Herausgegeben von Günther Hillmann, Reinbeck.
Rebérioux, Madeleine, 1997: Le socialisme français de 1871 à 1914, in: Jacques Droz (Hg.), Histoire générale du socialisme. De 1875 à 1918. Bd. 2, Paris, S. 133–236.
Reinhardt, Max, 2011: Aufstieg und Krise der SPD. Flügel und Repräsentanten einer pluralistischen Volkspartei, Baden-Baden (Zugl. Hannover, Univ.-Diss., 2009).
Rodgers, Daniel T., 2010: Atlantiküberquerungen: Die Politik der Sozialreform, 1870–1945, Stuttgart.
Rosselli, Carlo, 1930: Le socialisme libéral, Paris.
Sadoun, Marc, 1993: De la Démocratie française, Paris.
Saint-Simon, Henri de, 1973: De la réorganisation de la société européenne, in: Ders., Œuvres choisies, Bd. 2, Hildesheim / New York, S. 251–328.
Schumacher, Alois, 1998: La social-démocratie allemande et la IIIe République. Le regard de la revue Die Neue Zeit 1883–1914, Paris.
Schumpeter, Joseph A. 1950: Kapitalismus, Sozialismus und Demokratie. Einleitung von Edgar Salin. Zweite, erweiterte Auflage, Bern.
Selbin, Eric, 2010: Gerücht und Revolution. Von der Macht des Weitererzählens, Darmstadt.
Uljanow, Wladimir Iljitsch (Lenin), 1902: Was tun? Brennende Fragen unserer Bewegung, in: Lenin Ausgewählte Werke (LAW), Bd. 1, S. 139–312.
Uljanow, Wladimir Iljitsch (Lenin), 1918: Die proletarische Revolution und der Renegat Kautsky, in: Lenin Ausgewählte Werke (LAW), Bd. 3, S. 69–163.
Unsichtbares Komitee, 2010: Der kommende Aufstand. Aus dem Französischen übersetzt von Elmar Schmeda, Hamburg.
Weiss, Peter, 1967: Die Verfolgung und Ermordung Jean Paul Marats dargestellt durch die Schauspielgruppe des Hospizes zu Charenton unter Anleitung des Herrn de Sade. Drama in zwei Akten, Frankfurt/Main.
Weitling, Wilhelm, 1838: Die Menschheit, wie sie ist und wie sie sein sollte, Bern.
Willke, Helmut, 1987: Entzauberung des Staates. Grundlinien einer systemtheoretischen Argumentation, in: Thomas Ellwein et al. (Hg.), Jahrbuch zur Staats- und Verwaltungswissenschaft, Baden-Baden, S. 285–308.
Wittig, Peter, 1982: Der englische Weg zum Sozialismus: Die Fabier und ihre Bedeutung für die Labour Party und die englische Politik, Berlin.
Ziebura, Gilbert, 1963: Léon Blum. Theorie und Praxis einer sozialistischen Politik. Band I: 1872 bis 1934, Berlin.

6 Register

Im nachstehenden Register sind deutsche wie französische Begriffe und Namen in alphabetischer Ordnung sortiert. An einen Begriff angelehnte Bezeichnungen oder ergänzende Adjektive sind unter dem jeweiligen Begriff subsumiert. Das Stichwort ‚demokratischer Sozialismus' etwa findet sich demnach nicht unter ‚D', sondern unter ‚S' wie ‚Sozialismus'. Werke sind kursiv hervorgehoben, bei bereits verstorbenen Personen sind hinter dem Namen das Geburts- und Sterbejahr angeführt.

Agonalität – 15, 20, 44, 69
   das agonal Andere – 70
Antagonismus
   politischer – 44, 45
Arbeiter – 28
Arendt, Hannah (1906–1975) – 9, 17, 21, 25, 30, 33, 49, 56, 64, 67, 71, 78
Aufklärung / Aufklärungsprozesse – 28, 73
Ausnahmekompetenz – 27
Ausnahmezustand – 61
   revolutionärer – 20
Autonomie – 8
Avantgarde
   revolutionäre – 49

Babeuf, François Noël (1760–1797) – 41
Bebel, August (1840–1913) – 11
Becker, Jean-Jacques – 26
Bernstein, Eduard (1850–1932) – 11, 12, 13, 16, 21, 24, 25, 28, 29, 30, 31, 32, 33, 36, 37, 38, 39, 40, 43, 50, 51, 52, 53, 54, 61, 62, 63, 64, 67, 68, 69, 70, 72, 73, 75, 76, 77, 78, 79, 85, 88

Biermann, Wolf – 16, 80
Bildung – 52
Birnbaum, Norman – 89
Blanqui, Auguste (1805–1881) – 41
blinder Fleck – 8
Blum, Léon (1872–1950) – 9, 12, 13, 16, 22, 23, 24, 27, 28, 32, 33, 35, 40, 41, 42, 58, 61, 67, 68, 75, 77, 88
Bolschewismus – 24, 32, 33, 47, 49, 63, 65, 67, 70, 71, 89
   Antibolschewismus – 58
   Bolschewiki – 76, 78, 79
   bolschewistische Revolutionspraxis – 63
Bonn Bad-Godesberg – 50
Bourgeoisie – 20
Bourgeois, Léon (1851–1925) – 68
Brandt, Willy (1913–1992) – 43
Bruch
   revolutionärer – 40
Bürger – 27, 28, 40, 41, 48, 51
Bürokratie – 48

Canetti, Elias (1905–1994) – 66
Canto-Sperber, Monique – 7
Collège de France – 14

Crouch, Colin – 86

Demokratie – 10, 13, 22, 23, 24, 25, 26, 27, 38, 43, 44, 51, 52, 53, 54, 60, 63, 67, 68, 73, 75, 76, 77, 90
 Demokratieentfremdung – 86
 demokratischer Imperativ – 23, 24
 Demokratisierung – 83, 84
 elitäre Demokratiekonzeption – 31
 liberale – 45, 77
 parlamentarische – 50
 persönliche – 39
Demokratie oder Diktatur – 22, 24
Der geschloßne Handelsstaat – 57
Der kommende Aufstand – 82
Despotie – 66, 67
 despotischer Charakter der Politik – 87
 despotischer Gegenentwurf – 27
Despotismus – 27, 28
Deutschland – 8, 11, 37, 42, 80
Deutungskämpfe – 34
Deutungsmacht – 17
Deutungsoffenheit – 19
Die Ordnung des Diskurses – 14
Die proletarische Revolution und ihr Programm – 54
Differenz – 48, 49, 67, 70, 71, 72, 78, 84, 85
Diktatur – 22, 27
 demokratische – 22
 Diktatur als Regierungsform – 28
 unpersönliche – 59
Diktatur des Proletariats – 11, 15, 16, 17, 19, 22, 23, 25, 38, 55, 61, 63, 64, 76
 revolutionäre – 20, 51, 63
Diskurs – 11, 13, 14, 15, 32, 66, 72, 73, 86
 Beherrschung des Diskurses – 14
 demokratietheoretische Implikationen des Diskurses – 70
 diskursive Totalität – 14
 Diskurs über Wandel – 17, 71

Diskurszusammenhang – 30, 78, 85
 Erzählungen (Selbin) – 14
 Produktion des Diskurses – 14
 sozialistischer – 29, 37, 42, 65, 70, 75, 83
Diskursanalyse – 13
Dresden, Parteitag von (1903) – 16, 50, 77
Dreyfus-Affäre – 59, 64
Dritte Republik – 61, 64
Dritter Weg – 7
Dschugaschwili, Iossif Wissarionowitsch (gen. Stalin) (1878–1953) – 67

Effizienzkriterien – 88
Einhegung
 rechtliche – 31
Elite – 66
 politische – 33, 47
Emanzipation – 8, 29, 52, 72, 78, 87
 légale – 33
Emergenz – 80
Empörung – 84
Engels, Friedrich (1820–1895) – 12, 16, 19, 22
England – 77
Eppler, Erhard – 89
Erfurter Programm (1891) – 11, 53
Erster Weltkrieg – 12
Etzioni, Amitai – 66
évolution révolutionnaire – 41

Fabian Society – 61, 78
Fetscher, Iring – 22
Fichte, Johann Gottlieb (1762–1814) – 57
Fluidität – 44, 45, 65, 68
 fluider Raum – 25
Föderalismus – 67
Forrester, Viviane – 89
Fortschritt – 28
Foucault, Michel (1926–1984) – 13
Frankreich – 8, 11, 12, 37, 42, 55, 64, 80
Französische Revolution – 13

Freiheit – 49, 51, 56, 65, 68, 70, 71, 73, 79, 80, 88
    echte Freiheit – 56
    Freiheit in Gemeinschaft – 26
    Freiheitskompetenz – 53
    Philosophie der Freiheit – 8
    Selbstbestimmtheit – 8
Freund-Feind-Gegensatz – 20

Gerechtigkeit
    Teilhabegerechtigkeit – 58
Geschichtsverständnis
    holistisches – 13
Gesellschaft
    Auflösung der Gesellschaft – 12
    bürgerliche – 51
    kommunistische – 12, 38
Gesetzgebung – 31
    verfassungsgemäße – 31
Gewalt – 20, 29, 30, 33, 83, 88
    Ablehnung der Gewalt – 24
    effektive – 30
    elementarische – 29
    Gewaltbereitschaft – 15
    Gewaltkonflikte – 37
    Gewaltmittel – 30
    gewaltsamer Bruch – 30
    Herstellungsgewalt – 29, 32, 50
    Perpetuierung von Gewaltverhältnissen – 30
    politisch motivierte – 30
    postrevolutionäre – 29
    progressive – 13
    revolutionäre – 12, 29, 30, 31, 32, 33, 68, 76
    schöpferische – 13, 20
    Überwindung der bestehenden Verhältnisse durch Gewalt – 11, 83
    Vergewaltigung der Demokratie – 55
    Zwangsgewalt – 33
Gewaltfreiheit – 20
Gleichheit – 56, 65, 67, 73, 85
Glück
    Streben nach Glück – 58

Gramsci, Antonio (1891–1937) – 14
Grass, Günter – 43
Graswurzelrevolution – 28
Groh, Dieter – 56

Hegemonie – 14
    diskursive – 14, 15, 34
    hegemoniale Deutungskämpfe – 34
    hegemoniale Deutungsmacht – 17
    praktische – 14
Hessel, Stéphane – 82
Histoire socialiste de la Révolution française – 62
Hitler, Adolf (1889–1945) – 87
Humanismus – 55
Huret, Jules (1863–1915) – 82

Idealismus – 49
Identität
    kollektive – 14
Ideologie – 9, 48, 63, 87
Individuum / Individualität – 54, 55, 56, 57, 58, 59, 61, 65, 68, 70, 71, 72, 73, 80, 84, 89
    Apathie des Individuums – 33, 86, 87
    emanzipiertes – 47
    Individuum und Politik – 40, 51
    politisch qualifiziertes – 38, 48
    Renaissance des Individuums – 49
    Schutz des Individuums – 8
Internationale – 34
    Kommunistische – 22, 23

Jakobinismus – 38
J'accuse! – 59
Jaurès, Jean (1859–1914) – 12, 13, 21, 24, 26, 27, 28, 32, 33, 34, 40, 41, 51, 55, 56, 57, 58, 61, 62, 67, 68, 69, 72, 73, 75, 78, 80, 85, 88

Kant, Immanuel (1724–1804) – 43, 57
Kapitalismus – 26, 40
    Überwindung des Kapitalismus – 26

Kathedersozialismus – 61
Kautsky, Karl (1854–1938) – 12, 13, 15, 20, 22, 23, 24, 25, 28, 32, 33, 36, 38, 39, 40, 50, 53, 54, 63, 64, 67, 68, 75, 88
Kennan, George F. (1904–2005) – 86
Klasse – 47, 48, 54, 58, 71
Klassengegensatz – 51
Klassenkampf – 40
Kollektivität – 56, 57, 59, 71
Komintern – 9
Kommunismus – 9, 13, 15, 16, 17, 19, 20, 42, 64, 75, 78, 79, 80
 kommunistische Akteurskonzeption – 47
 kommunistische Versuchung – 12
 totalitärer Charakter des Kommunismus – 10
Kommunisten – 8, 11, 34
Kommunistisches Manifest – 21
Kommunitarismus – 66
 kommunitaristische Politikmuster – 68
Komplexität – 48, 49
Komplexitätsreduktion – 36
Kontingenz – 31, 44, 45, 80, 85
Kontinuität – 27, 30, 33
 gesellschaftliche – 35
 Kontinuitätsbruch – 30, 35, 42

Laclau, Ernesto – 14
Legalität – 60
Legitimität – 41, 89
 Legitimitätsdefizit – 82
Liberalismus – 7, 8, 62, 68
 liberale Ideen – 8
 liberale Theorieelemente – 12
 libéralisme totalitaire – 89
 politischer – 24, 50, 51, 78
 Synergie mit dem Sozialismus – 7, 78
L'idée d'une biographie de Jaurès – 58
Linkstotalitarismus – 9, 24, 58
Locke, John (1632–1704) – 51
Lukács, Georg (1885–1971) – 22

Macht – 21, 66, 88
 Handlungsmacht – 21
 Durchsetzungsmacht – 59
 (horizontale) Machtteilung – 63, 67
Manin, Bernard – 39
Marat, Jean Paul (1743–1793) – 88
Marx, Karl (1818–1883) – 12, 16, 19, 22, 41
Marxismus – 10, 11, 25, 39, 50, 63
 doktrinärer – 26
 Marxist – 11
 marxistisches Denken – 11
 marxistische Orthodoxie – 39, 61, 77
 marxistische Theorie – 11
Materialismus – 49
 historischer – 49, 53, 59
Montesquieu, Charles de (1689-1755) – 9, 66
Moral – 38
Mouffe, Chantal – 14, 44, 69

Narrativ – 14
Nationalsozialismus
 Nationalsozialistische Akteurskonzeption – 47, 48
Neoliberalismus – 89
Neue Zeit (Zeitschrift) – 11, 50
Normalzustand – 27
Novemberrevolution (1919) – 39

Occupy Wallstreet – 88
Ökonomie – 88, 89
Oktoberrevolution – 22, 24, 38
Ontologie – 44

Papcke, Sven – 13, 16, 29, 50, 86
Partizipation – 29, 33
Pitkin, Hanna F. – 20
Placebodemokratie – 86
Pluralität – 48, 49, 51, 56, 57, 58, 60, 65, 67, 70, 71, 72, 78, 84, 85
Pluralismus – 67, 85
 Binnenpluralismus – 58, 88

Politik – 40, 58, 79, 80, 84
   apolitische Versuchung – 30
   das Antipolitische – 9, 17, 78, 84
   das Politische – 17, 49, 55, 65, 71, 78, 84, 85
   demokratisch-sozialistische Politik – 12
   evolutionäre Vorstellung von Politik – 25
   geschlossener Politikentwurf – 10
   Furcht und Politik – 10, 67
   Individuum und Politik – 40
   moderne – 40
   Ohnmacht der Politik – 82
   Politik des Bürgers – 49
   revisionistische – 12
   sozialistische – 42, 49
   Steuerungsinstanzen der Politik – 37
   Steuerungskompetenzen der Politik – 36, 37
   Vollzug von Politik – 48, 65, 80
Postdemokratie – 86
Pottier, Eugène (1816–1887) – 34
power over – 20
power to – 21
Pragmatismus – 8
Probleme des Sozialismus – 9, 38, 62, 85
Produktionsverhältnisse
   kapitalistische – 20
   sozialistische – 27
Proletariat – 20, 23, 25, 39, 42, 54, 55, 62
Protest – 84
   Protestbewegung – 84, 88
Proudhon, Pierre-Joseph (1809–1865) – 21

Radikalismus
   passiver – 39
Rasse – 48, 71
Rational-Choice-Ansatz – 66
Recht – 57, 61, 62, 83
   Menschen- und Bürgerrechte – 67
   rechtliche Normalität – 61

Rechtsfragen – 61
Rechtsordnung – 65
Rechtssubjekt – 53, 64, 65
Rechtssystem – 61
Rechtsverhältnisse – 60, 65, 73
Quelle des Rechts – 57
Zuerkennung von Rechten – 52
Rechtsstaat / Rechtsstaatlichkeit – 27, 43, 47, 57, 62, 63, 64, 67, 75
   umfassende – 62, 63
Reform – 10, 16, 19, 32, 34, 35, 36, 37, 38, 41, 43, 79
   Politik der Reform – 33
   politische – 23
   Reformbewegung – 35
   Reformtätigkeit – 35, 62
   Theorie der Reform – 16, 50
   wirt(h)schaftliche – 38
Republik – 26, 27, 41, 57, 60, 62, 66, 68, 72, 73, 83
   demokratische Republik – 26
   repräsentativ-demokratische – 41, 62, 67, 83
   republikanische Haltung – 51
   Republikanismus – 55, 68
   Republikdenken – 61, 68
Revisionismus – 10, 13, 15, 16, 17, 19, 24, 61, 77
   proreformerischer – 37
   revisionistische Welle – 11
Revisionisten – 8, 11
Revolution – 10, 19, 28, 34, 36, 41, 42, 72, 79
   bürgerliche – 41
   Französische Revolution – 62, 72
   Mythos der (proletarischen) Revolution – 34, 35, 37, 40
   proletarische – 54
   révolution évolutionnaire – 21
   revolutionäre Katastrophe – 16, 40
   revolutionäre Ungeduld – 16, 75, 86
   revolutionärer Befreiungsakt – 39
   Revolutionsentwurf – 29
   Revolutionsverständnis – 65

Russische (1917) – 33, 39, 53, 54
  soziale – 37, 40
Rosselli, Carlo (1899–1937) – 7
Russland – 42

Sadoun, Marc – 16
Sainte-Beuve, Charles Augustin (1804–1869) – 28
Saint-Simon, Henri de (1760–1825) – 21
Schmid, Carlo (1896–1979) – 50
Schönlank, Bruno (1859–1901) – 53
Séction française de l'Internationale ouvrière (SFIO) – 11, 12, 24, 41
Selbstbestimmung – 60
Selbstverwaltung – 25
Shaw, George Bernard (1856–1950) – 77, 78
Solidarität – 83
Sozialdemokratie – 8, 52, 53, 61, 72, 76, 78
  deutsche – 11, 12, 50, 69, 77
  europäische – 9
  französische – 9
Sozialdemokratische Partei Deutschlands (SPD) – 11, 16, 29, 50, 77
Soziale Frage
  Endlösung der Sozialen Frage – 16
Sozialismus – 7, 8, 9, 10, 22, 24, 25, 26, 27, 34, 51, 55, 58, 60, 69, 75, 78, 80, 82
  als Streben nach Glück – 58
  demokratischer – 16, 21, 44, 45, 47, 48, 49, 53, 55, 58, 60, 65, 70, 75, 78, 80, 82
  deutscher – 56
  französischer – 41, 69
  Geschichte des Sozialismus – 8
  liberaler – 7, 16, 76, 81, 85, 86, 88
  nicht-totalitärer – 43, 68, 79, 83, 84
  real existierender – 9
  republikanischer – 81, 85, 86, 88
  sozialistische Gesellschaft – 23
  sozialistische Ideenfamilie – 9
  sozialistische Theoriebildung – 24
  sozialistisches Bewusstsein – 38

Synergie mit dem Liberalismus – 7, 62, 78
Republik und Sozialismus – 26, 62
Verwirklichung des Sozialismus – 52, 76
Sozialistengesetze (1890) – 11
Sozialistische Studien – 55
Sozialreformer – 37
Sozialreformismus – 61
  bürgerlicher – 42
Staat – 73, 88
  abgemagerter Staat – 89
  Staatlichkeit – 89
  Staatsgefüge – 57
Subsidiarität – 67, 83

Teilhabe – 29, 30, 40, 43, 44, 52
  demokratische – 40, 73
  mittelbare – 33
  politische – 31, 32, 33, 41, 66, 72
  revolutionäre – 29
  Schaffung der Bedingungen für Teilhabe – 73, 87
Teleologie – 23, 48, 50, 52, 53, 54, 68
Tendenz / Tendenzialität – 25, 43, 44, 61, 79, 89
Terror – 48, 67, 88
Terrorismus und Kommunismus – 64
Totalitarismus – 10, 69, 76, 78
  totalitäre Herrschaft – 9, 67, 87
  totalitäre Methoden – 69
  totalitärer Mensch – 86
  totalitäre Versuchbarkeit – 10
Tours, Parteitag von (1920) – 9, 23, 24, 33, 35, 41, 58, 69
Transformation – 47
  aufgezwungene – 23
  diktatorische – 26
  politische – 20
  Praxis der – 30
  transitorische Spontaneität – 32
Tyrannei – 79
  vollendete – 12
Tyrannis – 9, 66

Uljanow, Wladimir Iljitsch (gen. Lenin) (1870–1924) – 13, 20, 42, 63
Unabhängige Sozialdemokratische Partei Deutschlands (USPD) – 12
Ungleichheit – 88, 89
Urbinati, Nadia – 7
Utopie
    Ablehnung der Utopie – 8
    Utopien transitorischer Ungeduld – 25

Verfassungsstaatlichkeit – 64
Vollmar, Georg von (1850–1922) – 11
Voraussetzungen des Sozialismus – 9, 43, 51, 77

Wahlen
    demokratische – 71
Wahlrecht
    allgemeines – 54, 76
Wallas, Graham (1858–1932) – 77, 78
Wandel – 41, 43, 44, 80, 90
    als Praxis – 23
    Anschlussfähigkeit – 13, 82
    antiteleologischer – 90
    demokratischer – 13, 33, 53, 68, 80, 84
    Diskurs über den gesellschaftlichen Wandel – 11, 17, 61, 75, 79
    Durchsetzung von Wandel – 30
    Einzelsequenzen von Wandel – 36, 42
    Erzwingung von Wandel – 58
    Gelingen von Wandel – 23
    gesellschaftlicher Wandel – 19, 36, 48
    (evolutionäre) Gestaltbarkeit von Wandel – 10, 12, 15, 16, 26, 29, 35, 36, 42, 61
    individuelle Ausgestaltung von Wandel – 44
    Innovation und Wandel – 65
    langwieriger Prozess – 25, 61, 65, 73
    Legitimität von Wandel – 30
    Mensch im Wandel – 47, 48
    politischer – 23, 28, 60
    Permanenz von Wandel – 36, 42, 48, 65, 70, 76
    Realisierung von gesellschaftlichem Wandel – 19, 75, 81
    revolutionärer – 37
    sozialer – 25
    soziopolitische Rahmenbedingungen – 47
    totalitärer – 47
    Vollzug von Wandel – 29, 32, 36, 41, 47, 58, 71
Weitling, Wilhelm (1808–1871) – 21
Welterklärung – 76, 85
Weltermöglichung – 76, 85, 87
    konstruktive – 89
Weydemeyer, Joseph (1818–1866) – 19
Widerstand – 83
Wohlstand – 58

Zola, Émile François (1840–1902) – 59
Zweite Internationale – 9, 10, 39, 50, 53

Printed by Publishers' Graphics LLC